杜甫

这辈子一览众山小

侯海荣 著

中国言实出版社

图书在版编目(CIP)数据

杜甫这辈子：一览众山小 / 侯海荣著 . — 北京：中国言实出版社，2023.8
ISBN 978-7-5171-4564-6

Ⅰ.①杜… Ⅱ.①侯… Ⅲ.①杜甫（712-770）-传记-通俗读物 Ⅳ.① K825.6-49

中国国家版本馆 CIP 数据核字 (2023) 第 154957 号

杜甫这辈子：一览众山小

责任编辑：薛　磊　李　岩
责任校对：李　颖

出版发行：中国言实出版社
　　地址：北京市朝阳区北苑路180号加利大厦5号楼105室
　　邮编：100101
　　编辑部：北京市海淀区花园路6号院B座6层
　　邮编：100088
　　电话：010-64924853（总编室）　010-64924716（发行部）
　　网址：www.zgyscbs.cn　电子邮箱：zgyscbs@263.net

经销：新华书店
印刷：北京中科印刷有限公司
版次：2023年9月第1版　2023年9月第1次印刷
规格：787毫米×1092毫米　1/32　7.5印张
字数：150千字

定价：53.00元
书号：ISBN 978-7-5171-4564-6

目录

壹 **心疼杜甫（代序）** \ 1

贰 **杜氏寻根** \ 1

杜甫的十三世祖杜预是难得一遇的文武全才，祖父杜审言是初唐诗坛五言律诗的奠基人，这样的家族氛围是如何影响着杜甫的成长？为何杜甫拥有如此笃定的内心世界？他又是怎样认定自己所走的道路的呢？

贰 **苦乐童年** \ 25

他是如何度过他的童年的？这位名垂千古的『诗圣』幼年是否表现出了与普通孩子不一样的才华？苦乐参半的童年又是怎样影响着他的人生的呢？

叁 **开元少年** \ 51

杜甫记忆深处的开元盛世是怎样的一番景象？这一段快意的少年时光，给杜甫后来荆棘塞途的人生带来多少慰藉？

肆 **漫游吴越** \ 75

他有着不凡的家世，青葱岁月的漫游，触发了他对历史、对先贤、对世情的独特审视和观望。人在他乡，为期四年的品味与流连，将带给杜甫什么样的生命体验与精神给养？

1

伍　齐鲁望岳 \99

如果说吴越的四年漫游，拓展了他的视域，那么身在齐鲁，他需要的是攀高，那种「会当凌绝顶」正是本色的豪气干云。他仰望那个高度时，内心会驰骋怎样的情怀，泰山的嵯峨带给年轻杜甫怎样的心理暗示与无形的力量呢？

陆　双星聚会 \119

李白、杜甫，中国诗歌国度里的太阳和月亮，日月当空，双星聚会，激发出怎样动人的火花？又留下了哪些传奇故事？

柒　野无遗贤 \139

中国历史上为什么会出现一次所有的考生都落榜的科举考试？「野无遗贤」对杜甫最大的伤害是什么？面对荒诞不经的现实，杜甫做了哪些努力，试图改变自己的命运？最终杜甫做到了吗？

捌　奉先咏怀 \159

「安史之乱」，是否有迹可循？它是历史的偶然还是必然？杜甫用一首长诗，给了我们一个诗人观察现实的视角。那么，杜甫这首洋洋五百字的名篇，为后世记录下怎样的历史实况？这场改变历史走向的惊变，又是如何成就杜甫诗家地位的呢？

玖　望月怀人 \183

杜甫有着怎样的婚姻与爱情？「大都世间，最苦唯聚散」的别情又会被他怎样书写呢？

拾　西京春望 \207

「国家不幸诗家幸」，在安史之乱的第三个年头上，杜甫又拿起笔，以《春望》为题，将历史大视野下的辛苦遭逢诉诸文字，融入他个体，同时也是这个国家的史话。

后记 \226

心疼杜甫（代序）
—— 读侯海荣的《杜甫这辈子》

曲新志（中央广播电视总台《百家讲坛》制片人）

侯海荣老师主讲的《杜甫这辈子》（上部）在《百家讲坛》播出后，将由中国言实出版社出版并嘱我写序，我欣然应允。

在我看来，电视播出也好，付梓出版也好，都算是这一场文化传播的接力。在这个美好的文化跑道上，我愿意多陪跑一程，为杜甫，也为海荣。

千年以来，杜甫已经成为我们民族文化记忆中的一个重要符号。他是诗人，一个苦难成就的诗圣；他也是诗本身，一个时代的诗史。可是关于杜甫，我们究竟了解、理解多少呢？在很多人的印象中，杜甫已经固化为一个出生即老年的倔老头儿，一个整日愁眉苦脸的悲观主义者，一个奔波一生却食不果腹的流浪汉，一个倒霉了一辈子的落魄文人……这些熟悉却不那么准确的标签，贴在杜甫身上,会有多么委屈;而这种替杜甫感觉到的委屈,也正是《杜甫这辈子》的起点。我和海荣老师策划这个选题的初衷,就是想告诉人们一个熟悉却又有那么一点陌生的杜甫,就是想告诉人们,千年前那个为我们呐喊或絮叨的人,他的情感是怎样沉淀为我们的心灵史,那个"为人性僻耽佳句"的人,是怎样将我们的汉语擦拭得如此闪光铮亮、如此令人赏心悦目。

诗是他,诗人也是他。

杜甫曾经十分骄傲地告诉儿子——"诗是吾家事"。纵观杜甫一生,写诗是他最初的本能,也是他最后的倔强,这也正是杜甫作为诗人的天才之处。然而,在那个时代,一个读书人终其一生,如果仅有诗名而无官位,注定只能过着"狼狈不堪"的生活,他们的生平,在史书中大概率会沉默如谜。《旧唐书》中有"杜甫传"几百字,估计跟他曾短暂做过工部员外郎这一虚职有关,而不是因为他是一位杰出的诗人。关于杜甫,情况就是这么一个情况,要想在这种情况下写出一个生动具体的杜甫,一个熟悉而陌生的杜甫,何其难也。

电影《长安三万里》有一句让人听之而沸腾而流泪的台词:"诗在,长安就在。"同样的,诗在,杜甫的人生就在。

就是这样,海荣老师从史料的碎屑中,从诗的拼图中,为我们打捞出了杜甫的苦乐童年、古惑青春,甚至还生动地还原了杜甫的爱情现场和婚姻生活,让我们感受到了一个可爱的、质朴的、率性的、骄傲的、青春的、不羁的杜甫,也让我们看到了一个有着诸多身份的杜甫:他是仗义的朋友、体贴的丈夫、多少有些失职的父亲、心怀大志的小公务员、潦倒一生却永远对他人怀有同情的人道主义者……

记得在策划这个选题时,我在电话里跟海荣说,如果用一句话概括这个选题,这句话应该是——杜甫是怎样成为杜甫的。

杜甫是如何成为杜甫的呢?海荣用了三十讲,细致而精彩地回答了这个问题,同时,她还令人信服地回答了杜甫为什么会成为杜甫。在这三十讲里,她尽心尽力地陪杜甫成长了一遍。此间人世炎凉,此间幸福伤痛,也只有她能体会到了。

海荣老师是讲故事的高手。也许是地域的原因,她的叙事里总是自带东北"二人转"的枪棒。往往一件稀松平常的事,一个老生常谈的典故,经她那么一说,喜剧的味儿一下就出来了。一个充满新意趣的叙事方法和思考角度,就如同她随手从地里拔出的一嘟噜水灵灵大萝卜,随手就甩给了你。我在看她的节目和读她的文字时,总是被一种说不出的自在和会心的快乐附体,看完一集就急着想看下集,那是一种追剧的爽感。

我常常想,如果赵本山做学者,他大概率就是侯海荣。

读海荣老师的《杜甫这辈子》，我常常能感受到她文字间碰撞出的电光石火和情感静水深流里的呜咽呢喃，那是她的心与杜甫同频共振的声音。在这里就不过多地铺陈自己的感受，还是回到她的文字本身吧。

关于"春望"，她如是说：

"国破"然而"山河在"，这是大破碎；"城春"可是"草木深"，这是大萧索；"花开"可是"见之泣"，"鸟鸣"然而"闻之悲"，这是大反差；"家书"可以抵"万金"，这是大沉痛。杜甫怎么能不"白头搔更短"！

关于"画鹰"，她如是说：

写鹰，你就不能只写鹰，你要写矫健，你要写凌空；你要写豪气，你要写激情；你要写画上的鹰就像活着的鹰；你要写挟风带霜，神采飞动；你要写气雄万夫，鄙视平庸；你要写跃跃欲试、无可匹敌的性情；你要写呼之即出、追逐狡兔的雄风。

这些沉郁顿挫的文字，这些昂扬奔腾的文字，那么杜甫，那么海荣，这就是海荣为我们讲述的一个杜甫——诗的杜甫。如果要概括这本书的整体气质，我始终能感觉到的是——

心疼杜甫。

2023 年 9 月 11 日

壹 杜氏寻根

杜甫的十三世祖杜预是难得一遇的文武全才，祖父杜审言是初唐诗坛五言律诗的奠基人，这样的家族氛围是如何影响着杜甫的成长？为何杜甫拥有如此笃定的内心世界？他又是怎样认定自己所走的道路的呢？

【文前按语】

杜甫，被认为是中国最伟大的诗人之一，他用诗歌反映时代政治和人间疾苦，把现实主义推进到新的高峰，后人尊称他为"诗圣"，他的诗被称为"诗史"。而在诗歌之外，杜甫也是一位充满传奇的人物，他的人格魅力让他在同时代诗人中卓然而立。在杜甫真实的一生中，穷苦、困顿、悲伤从未远离，但他安守清贫，忧在天下，从不为一己得失，丧失理想，用自己"下笔如有神"的才华，为底层人民发声。杜氏家族作为官宦世家，从西汉起绵延数代，几乎每代都有为官从政之人，杜甫的十三世祖杜预更是难得一遇的文武全才，祖父杜审言又是初唐诗坛五言律诗的奠基人，这样的家族氛围是如何影响着杜甫的成长？为何杜甫拥有如此笃定的内心世界？他又是怎样认定自己所走的道路的呢？

01

一代诗史，千秋诗圣。从现在开始，我们讲讲"杜甫这辈子"。

就在三年前，好多人直呼杜甫"出圈"了，原因是国外推出一部关于杜甫的纪录片。[1]让我的兴奋值瞬间拉高的，并不只是这个劲爆的好消息，主要是片中的一句台词："我们有但丁，有莎士比亚（莎翁），还有杜甫。"[2]

大家琢磨琢磨，杜甫岂止是火了，杜甫已经"红透"了全球，但丁啥身价？但丁是意大利第一位民族诗人，是欧洲文学史上继往开来的诗人，是"文艺复兴三巨头"之一，他被誉为"所有世界的中心人物"；[3]莎翁啥身价？莎翁是英国最杰出的戏剧大师，他留下许多最顶尖的好评，有人说"他的光辉照耀着全人类，从时代的这一个尽头到那一个尽头"。[4]还有人说，他"不属于一个时代，而是属于千秋万代"。[5]杜甫呢，杜甫能和但丁、莎翁并列、并肩，喜提这样一份国际大奖，这就定义了杜甫的高度。从时间

---

[1] 指的是纪录片《杜甫：中国最伟大的诗人》。
[2] 英文原文为"We have Dante, Shakespeare and Du Fu."。
[3] 出自约翰·拉斯金语。
[4] 出自雨果语。
[5] 出自本·琼森语。

线来说,咱们的大诗人杜甫,比但丁早,早了500多年,比莎翁早,早了800多年。

那杜甫,为啥能成为伟大的杜甫呢?

杜甫的家世,这是我们要考察的第一个切入点。所以,要把杜甫这辈子说个通透,咱先得"查户口,盘三代",看看杜甫的家世如何。为啥要绕这么远一个弯道呢?

假如现在,咱们问几个中学生,问他的五世祖六世祖是干啥的,我估摸着,这道题要比解一道三角函数题烧脑,交白卷都是大概率。因为,家族世系这些观念,在今天已经大大弱化了,但是在古代,家世对一个人的影响力有多大、附加值有多高,怎么评估都不过分。那祖辈留给子孙哪些东西算家底呢?金钱啊、田产啊、豪宅啊,这些东西当然是家底,不过,它只是物质家底。祖辈的大功、大业、美德、美名,这些非实体的东西,同样是一种家底,它可以叫作"精神家底",或者叫作"精神遗产",这才是最大的一笔"不动产",它会在子孙后代的心中持续升值,它是无价的。

那杜甫的祖先,有没有像样的大人物?哪些人又影响到了杜甫?我要负责任地讲,杜甫的列祖列宗,突出一点的,不是司马就是长史,不是长史就是刺史,不是刺史就是将军,不是将军就是太守;垫底的,也是个县令。读书仕宦，已经成了杜氏的家族传统。[1]

杜甫有两句诗是这么写的："尚书勋业超千古，雄镇荆州继吾祖。"[2] 杜甫在诗中提到一个人，他说这个人功勋卓著，雄镇荆州，用今天的话来说，这是优秀的"后浪"，"前浪"是谁呢？他继承了自己远祖的伟业，"继吾祖"。那杜甫这里说的"吾祖"是谁？这是杜氏家族绝对的门面担当，在西晋的时候，可以位列杜氏家族光荣榜TOP1，此人乃杜甫的十三世祖——杜预。

大家要问杜预的名头有多响？这么说吧，杜预堪称"百科全书式"的全才。杜预，光是"工科"厉害也就算了，关键"理科"还厉害；光是"理科"厉害也就算了，关键"文科"同样那么厉害。正是因为杜预对政治、经济、天文、历法、数学、史学、工程样样在行，朝野上下，有口皆碑，所以，当时人给杜预起个绰号，号称"杜武库"，武库，这意思是显而易见的，就是说杜预博学多通，无所不能，

---

[1] 杜甫祖辈仕宦：十三世祖杜预，晋镇南大将军，都督荆州诸军事，封当阳县侯；十二世祖杜耽，晋凉州刺史；十一世祖杜顾，晋西海太守；十世祖杜逊，东晋初南迁襄阳，为襄阳杜氏始祖，任魏兴太守；九世祖杜灵启；八世祖杜乾光，齐司徒右长史；七世祖杜渐，梁边城太守；六世祖杜叔毗，北周硖州刺史；五世祖杜鱼石，隋获嘉县令；曾祖杜依艺，唐监察御史，巩县令；祖父杜审言，武后圣历中任膳部员外郎；父亲杜闲，开元末任兖州司马，约天宝五载调任奉天令。参见莫砺锋《杜甫评传》，南京：南京大学出版社2019年版，第8页。
[2] 见唐代杜甫《惜别行，送向卿进奉端午御衣之上都》。

晋议同征南大司马镇南将军开府仪同三司当阳县开国侯杜预像

杜预像
出自江苏江阴青旸镇
《杜氏世谱》

无所不包，就好比武器库的武器一样，应有尽有，要啥有啥。说到这儿，还得画个重点，在明朝之前，同时配享文庙、武庙的人物，杜预是唯一。大家注意，是"唯一"，不是"之一"。

"尚书勋业超千古，雄镇荆州继吾祖"。杜甫在诗中用了"雄镇荆州"这四个字，大不大气，霸不霸气，那杜预是怎么雄镇荆州的呢？

史书上说，杜预，曾经担任镇南大将军，都督荆州诸军事。杜预受命之后，南下襄阳。一到荆州，杜预就积极进行军事部署，为即将到来的一场大战进行战前准备。这场大战，就是灭吴之战。

在历史上，西晋灭吴，这是超级重要的一场大战。重要到什么程度？它是魏晋南北朝四百年间，唯一成功的一次吞并式战争，它结束了汉末三国以来长期的割据状态。从此，九州裂土，海内归一。如果我们掂量掂量，杜预在这场大战的分量，着实不轻。在当时，对于伐吴这件事，可不可行，该不该打，朝廷出现了各种"杂音"，有投赞成票的，有投反对票的，也不排除弃权的，就连皇帝[1]也是举棋不定。杜预呢？杜预反复上表，陈述伐吴大计。于是，杜预从这场战役坚定的支持者，进一步变为精心的谋

---

[1] "皇帝"，这里指司马炎。

照夜白图卷 >>>
唐·韩幹
纸本、设色
美国大都会博物院藏

百马图卷(局部) ∨∨∨
唐·佚名
绢本、设色
北京故宫博物院藏

韓幹照夜白
紹興戊午薌林向子諲
同觀于凝香閣
南唐押署所識物
彥遠

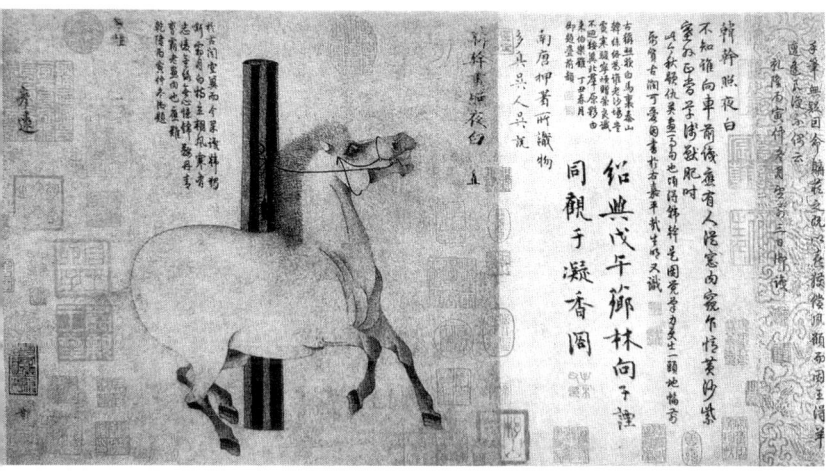

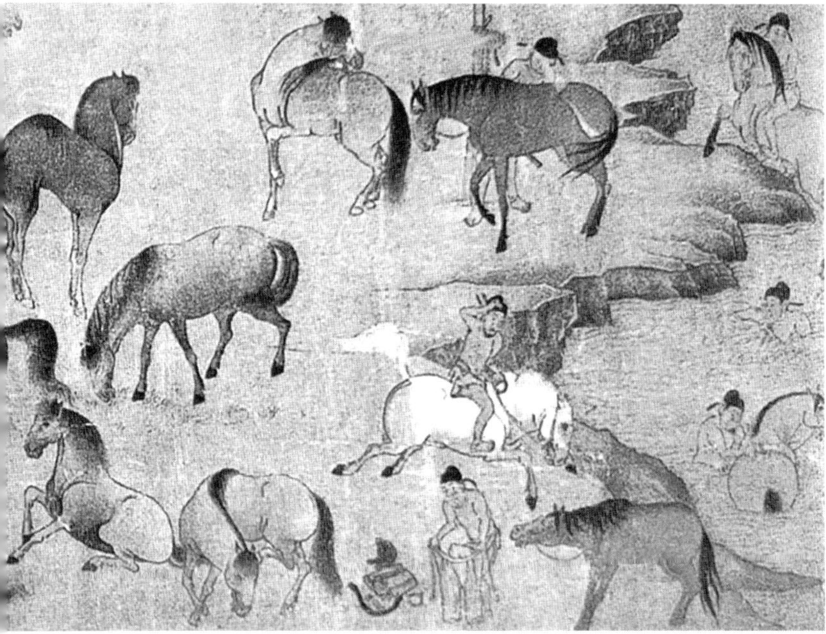

划者，到后来变为出色的指挥者。

那一提到武将，历朝历代，名将配宝马，那是绝配。比方说，曹操的绝影，孙权的玉龙，项羽的乌骓马，吕布的赤兔马，刘备的的卢马，秦琼的黄骠马，张飞的乌云踏雪，赵云的照夜玉狮子，等等等等。说来也真的挺有意思，杜预这个人，你说他懂武吧，可是杜预连马都不会骑，射箭呢，射箭技术更是无法恭维，因为他连个木札都穿不透，正所谓"身不跨马，射不穿札"，可是啊，每每遇到征伐大事，杜预都身居将帅之列，还有这样的将，还有这样的帅，这也太神奇了吧？

02

"尚书勋业超千古，雄镇荆州继吾祖"。西晋灭吴，杜预的具体任务是啥呢？取江陵，占荆州。到了公元280年，杜预陈兵江陵，要说江陵这个地方，城防坚固，易守难攻。想把这块地方拿下来，难度系数非常大。结果怎么样，杜预派军沿江西上，竟然一旬之中，连克多地。咱就说这效率！

还有个晚上，杜预派出几员牙门将，搞了个大动作。啥叫"牙门将"呢？"牙门将"这个词儿，今天差不多已经成为语言的化石,实在太古老了。古代作战,有一种防御工事,也就是用来抵御敌人的一种建筑物,叫作"牙门",牙门上插有牙旗,在牙门里负责统领士兵作战的将领,就被称为"牙门将"。作为牙门将,这是典型的武将,不用说,胳膊粗、力气大,四肢发达,头脑也不简单,谋略超群,关键人家手下还指挥一定数量的士兵,据则能守,出则能战。

这黑灯瞎火的,牙门将率领八百精兵,在夜幕的掩护之下,他们驾船渡江,竖旗点火,然后出击要害之地,神不知鬼不觉,兵不血刃,直取吴军指挥中心。这吴国都督看傻了,惊呆了,也吓坏了,他给别人写信说:"北来诸军,乃飞渡江也。"[1]大意是说,从北边杀过来那些西晋大军太猛了,就像插了翅膀飞过长江。"飞渡江",此后就成了一个典故,用来形容渡江神速。这时的杜预,凭借实力圈粉,已经火到爆,叫作"以计代战一当万"。"以计代战一当万",这首歌谣开始口口相传,以计代战,就是夸杜预擅长动脑子,武器可以离身,智商永远在线。杜预长于武略而非武功。他不搞人海战术,不死磕硬拼,而是智字当头,一人可抵千军万马,1:10000,都能完胜,这算不算降维打击?

---

[1] 见唐代房玄龄等著《晋书·卷三十四》《羊祜杜预传》。

在扫清江陵的外围之后,荆州已成囊中之物。接着杜预挥师东进,就在这个关节点上,有人思想分叉了,他们对连续进军产生了畏难情绪,主张停战休整。杜预呢,他对作战形势做出了研判,杜预指出,打仗需要一鼓作气,为啥不能停?杜预打了个比方,他说,这就好比劈竹子,上头几节"咔咔"劈开,底下各节顺着刀刃"唰唰"全开。这就是成语"势如破竹"、"迎刃而解"。后来,杜预指挥大军,直逼秣陵,所过城邑,无不束手,杜预凯旋归来。

杜预后期在荆州的时候,天下已经安宁了,但是杜预觉得,不能疏忽,不能歇脚,不能松劲。所以杜预建学校啊、讲武事啊、凿山洞啊、修水利啊,干不完的活儿,想不完的事儿。杜预既高瞻远瞩,又脚踏实地,他推出了一系列举措,安民、保民、惠民。老百姓心里有杆秤啊,江汉人民被暖到了,他们心生敬意,感念其德,亲切地称杜预为"杜父",由此可见,杜预为官一任、造福一方,"父母官"当得名副其实。

"尚书勋业超千古,雄镇荆州继吾祖"。需要提醒大家的是,杜甫写这首诗的时候,已经到了人生的暮年。这无疑说明,杜甫一生都把自己的远祖奉为楷模。那大家想,杜预作为杜氏远祖,如此光彩照人,杜甫单是写了这两句诗,就足以表达他的景仰、他的缅怀、他的膜拜么?要说中国古代的士大夫，他们对祖先的情感，非常浓烈，非常赤诚，他们以光大门庭为荣，以辱没祖先为耻。一个最大的传统，就是祭祖、敬祖。

杜甫在他三十岁左右、寒食节那天，给远祖杜预写了一篇祭文，文中有这样十六个字："小子筑室，首阳之下，不敢忘本，不敢违仁。"[1]首阳之下，是指首阳山下，就是河南洛阳的首阳山，对了，就是伯夷、叔齐当年隐居的那个首阳山。这里有杜家的祖茔，杜预的墓地就在这儿。大家注意，杜甫在文中，他用的词儿，不是"不能"，而是"不敢"，"不敢"还重复了两次，不敢，不敢，什么叫不敢？一个人只有心存敬畏，他才不敢，对不对？否则无所敬畏，他什么都敢，肆无忌惮。在我看来，敬畏感决定了一个人的边界感，一个没有边界感的人，很可能没有上限，就连底线也没有，用今天的话来说，这种人随时会出现"心理系统崩塌"。

那杜甫不敢忘本，不敢违仁，这说明啥？儒家讲"仁者爱人"，这说明，杜预的不朽功业，也就是儒家的入世精神，时时刻刻感召着年轻的杜甫，这既是一种内部唤醒，又是一种强大驱动。所以，大家发现没有，杜甫这辈子，无论他的理想和他的人生，发生了多么大的错位，"仁"

---
[1] 见唐代杜甫《祭远祖当阳君文》。

这个最核心的字眼,杜甫始终不丢弃,不放弃,他和儒家走得最近。

在这篇祭文里,杜甫还回忆道:"《春秋》主解,稿隶躬亲。"[1]这说的是啥呢?杜预在立功之后,"转专业"了,这里的春秋,指的是《春秋左氏传》,简称《左传》。杜预钻研《左传》,那叫一个专心致志。有多投入呢?想必大家都听过,某某有烟癖,有酒癖,有洁癖,和杜预同一时期,有个人超级爱财,被称作有"钱癖",有个人超级爱马,被称作有"马癖",皇帝听说之后,就问杜预说:"卿有何癖?"杜预回答说:"臣有《左传》癖。"[2]看看吧,饭可以不吃,觉可以不睡,不研究《左传》不行,正是由于杜预研究《左传》,心无旁骛,已经到了成癖的地步,终于一部《春秋左氏经传集解》,震撼问世。

这部力作,不仅体量大,关键成书早,堪称非常完备的一家之学。直到今天,它仍然是左传研究者的必读书目,也是一些硕博论文的参考文献,甚至很多高校"青椒",是把它拿来当作"教参"使用的。

看看吧,这就是杜预啊,文能解《左传》,武能平东吴,能立德、能立功、能立言。

---

[1] 见唐代杜甫《祭远祖当阳君文》。
[2] 见唐代房玄龄等著《晋书·卷三十四》《羊祜杜预传》。

那咱们都知道，杜甫操了大半辈子的心，操国家的心，操百姓的心，忧国忧民。说到底，正是由于那场"安史之乱"，杜甫全程赶上了，所以，杜甫晚年非常惨，流落江湘，贫病交迫。可是，临终前，杜甫嘱咐子孙的是啥呢，他说："生不能与远祖当阳侯并列，死后要与之并葬。"这里的当阳侯，就是指杜预。只有与远祖杜预并葬，魂归故里，大诗人才能入土身安，心也安。

03

杜甫的十三世祖杜预，咱们说过了。杜甫诗里还这样写过："吾祖诗冠古，同年蒙主恩。"[1]

杜甫诗里再一次提到"吾祖"，那这里的"吾祖"，又是谁呢？指的是杜甫的爷爷杜审言。这首诗呢，是杜甫写给一个朋友的，这要论起来，杜甫和他这个朋友，两家还是世交，[2] 所以，杜甫就从他和朋友的祖上开始写起。

话说一代女皇武后时期，学富才高者，群星荟萃。用今天的话来说，那个时候，朝廷里头也非常"卷"，你能诗，

---

[1] 见唐代杜甫《赠蜀僧闾丘师兄》。
[2] 指杜家与闾家是世交，杜审言与闾丘均、杜甫与闾丘均的孙子都是朋友关系。

他能文，扬葩振藻，腾蛟起凤，一个比一个厉害。而杜甫的爷爷和朋友的爷爷，在当时叱咤风云，"同年蒙主恩"，同一年承蒙君主隆恩。杜审言，曾经担任著作郎，后来又迁膳部员外郎。杜审言的人生看点，并不是他的官职多么了不得，而是他的作诗水平不得了，"吾祖诗冠古"。

大家不要以为，杜甫真在标榜，标榜祖父作诗的本领如何如何冠绝古今。爷爷写诗写得好，当孙子的引以为荣，这也是正常的，但是这首诗，它原本是一首应酬之作，很大程度包含应酬诗写作的习惯套路，难免有溢美之词。不过呀，"吾祖诗冠古"这一句，遭到很多人犀利吐槽，说你看你看，杜甫和他爷一样一样的，太能吹牛。那这句诗为啥给人带来这么大的"不良反应"？

要说杜审言，在大唐诗坛上，他的确算个"牛人"。有多牛呢？名气大、脾气大、口气大。所以，杜审言在史书当中，他的"人设"真的不太好。这里主要问题就在于，杜审言恃才傲物，他的"傲"就像兜里揣着一样，随时随地能翻出来。咱们还是用两则材料来佐证吧。

第一则材料：杜审言"狂傲＋1"。有一年，杜审言参加考判，当时主持这项工作的人是谁呢？天官侍郎苏味道。杜审言出来之后，就对身边人说："完了，完了，苏味道这回要死了。"大家一听，"丈二和尚——摸不着头脑"

啊，连忙问到底咋回事，杜审言就说了，他说："一会儿啊，苏味道要是看了我写的判文，不说别的，羞，就得把他羞死。"苏味道有那么不堪吗？苏味道其实蛮不错，当时有著名的"文章四友"[1]，"文章四友"就好比"文章四强"，杜审言在其中，人家苏味道也在其中啊。倘若再提起苏味道后人的名字，简直震耳欲聋：眉山三苏，苏洵、苏轼、苏辙，一门父子三词客，哪位不是重量级？这杜审言太傲了吧，真是"吹喇叭的打鼓——自吹自擂"，这是什么架势？套用一句歌词：我是电，我是光，我是唯一的神话。

还有一次，极度膨胀的杜审言，大言不惭地说，"比起我的文章来，屈原、宋玉只能当个下属，我玩书法，王羲之只配做个学生"。言外之意，什么屈原、宋玉、王羲之，通通的都得拜他杜审言为师！从此，世间多了一个成语——衙官屈宋。

第二则材料：杜审言"狂傲＋1＋1"。史料记载，杜审言的自高自大，可不是一时半晌，他把这种"风格"一直保持到生命的最后时刻。杜审言在弥留之际，有几个同僚前来探病，按说，杜审言该有多么感激，多么不舍，多么沉痛，可是呢，杜审言对到场的朋友咋说的呢，他说：

---

[1]"文章四友"指唐代杜审言、苏味道、李峤、崔融四人。

"嗨,我这辈子,真是受尽了造化小儿的苦,还有啥好说的!之前有我在,把你们一个一个压得,压得你们都出不了头,如今我快死了,你们都乐吧,可是有啥用啊,遗憾呐,以我在文坛的地位,你们没有一个能接得了我的班呀!"意思明摆着,这些人和他杜审言比,那是"骑牛撵火车——差远了"。大伙要知道啊,来人当中,包括大名鼎鼎的宋之问。想一想,这样的杜审言,多么不招人待见,所以,史书用的词不是自负,而是"矜诞",[1]意思是,杜审言狂妄自大,已经过了头。

说到这儿,我们就不难理解,杜甫一句"吾祖诗冠古",这种口气,难免让人想到,狂傲的基因在杜甫身上隔代遗传。那我是怎样看待杜审言呢?

我个人的观点是:

第一,我们不能孤立地审视杜审言的"傲",如果大家翻阅史料,就会发现,在初唐、盛唐时期,和杜审言的狂傲不相上下,甚至有过之而无不及者,大有人在,杜审言绝非个案,这不仅有个人的原因,也有时代的原因。

第二,抛开杜审言的狂傲不论,我们要给予一个诗人理性的公允的评价,必须把他置于时代自身的坐标,必须把他置于诗歌发展的序列,加以全面系统的考察。从诗歌

---

[1] 见北宋宋祁、欧阳修、范镇、吕夏卿等合撰《新唐书·卷一百二十六》。

的发展链条来看，如果问五律的奠基人都有谁，杜审言肯定是其中的一位。为啥这么讲？我们通过量化统计，就会发现：现存杜审言的诗集，存诗总量不大，一共40多首，但是精美纯熟，高度律化，[1] 由此可见，杜审言对唐诗的律化之功，任何人都无法抹杀。

那杜审言的律诗水平，到底处于哪个段位？

04

咱们来晒晒杜审言的诗中名句：

> 云霞出海曙，梅柳渡江春。
> 淑气催黄鸟，晴光转绿蘋。[2]

这首诗入选了《唐诗三百首》。大家应该看出来了，这是一首五律，咱们截取了中间两联。诗人的意思是说，在破晓之前，如果你登山临水，就会看到太阳是怎么出来

---

[1] 五律28首，七律3首，七绝3首，五言排律7首，五古2首。参见许永璋：杜甫"吾祖诗冠古"的时代意义，《杜甫研究学刊》1988年第2期。
[2] 见唐代杜审言《和晋陵陆丞早春游望》。

《杜審言集》
明嘉靖刻本

右頁：

杜審言集序

襄陽杜審言字必簡嘗為吉州司戶今戶曹趙
君彥清旁搜遠撫得其詩四十三首將刻東以
傳好事且以為戶廳之寶玉臺亏屬余集之余
觀必簡之詩若牽絲紫蔓長即其孫甫水行寄
風翠帶長之句也若鶴子叟童衣即儒衣山鳥
怪之句也若雲陰送晚雷即雷聲忽送千峯雨
之句也若風光新柳報宴賞落花催即星霜玄
鳥變身世白駒催之句也余不知祖孫之相似
其有意乎抑亦偶然乎至如往來花不發新舊

左頁：

杜審言集卷上

雜詩

和李大夫嗣真奉使存撫河東

六位乾坤動三微曆數遷謳歌移火德圖讖在
金天子月開階綜房星受命年禎符龍馬出寶
錄鳳皇傳地即交風雨都仍卜澗瀍明堂唯御
極清廟乃尊先不宰神功運無為大衆懸八荒
平物土四海接人煙巳屬羣生泰猶言至道偏
璽書傍問俗旌節近推賢秋比司空位官臨御
史貪推辭執刀筆直諫罷樓船國有大臣器朝

的——"云霞出海曙",太阳从海上升临人间的,但见海天浩渺,天光水色,托起满天云彩,映衬朵朵朝霞。诗人把视线放出去,紧接着又收回来,由远及近,"梅柳渡江春",杜审言是北方人,所以,他笔下的江南早春,是用中原早春作为参照系的,北方这个时节,还是残冬未消,风已暖而水犹寒,只能踏雪寻梅,草色遥看。江南的春天呢?江南的春天"抢跑"抢得最快,已经是梅花缤纷,柳叶婆娑,江南梅柳就像长了脚,江南春天就像长了脚,它们慢慢渡过江来,江北也跟着梅吐蕊,柳泛青,春满枝头。

春光如此和煦,你听,"淑气催黄鸟",黄莺的啼叫,越来越密集,越来越好听。你看,"晴光转绿蘋",绿色的浮蘋,随波摇荡,反射出美丽的光影。

诗人前两句铺陈总貌,从海天上下写到大江南北;后两句专攻细节,从群鸟欢唱写到水草漂浮。从对仗来讲,非常工稳;从用词来说,云霞是"出",梅柳是"渡",白的是云,红的是霞,蓝的是海,青的是柳,黄的是鸟,绿的是蘋,漂不漂亮?

那杜审言真是纯纯地在写春景吗?其实,杜审言这个时候宦游江南,官当得不大,心情也不咋好,他原本是表达乡愁的,这条隐藏的感情线,诗人最后才点出来,但是这两联,诗人写出早春伊始那种生命的律动,写得真好。

那杜甫的爷爷这么会写诗,这种家学渊源,当然令杜甫感慨不已,杜甫咋说的呢?杜甫说"诗是吾家事,人传世上情"[1]看到"诗是吾家事"这一句,又有人说了,杜甫说作诗这档子事儿,就是他们老杜家的事儿,看来吹牛这个病真不好根治。其实,这是杜甫写给儿子的,他告诉儿子,作诗是杜家祖辈相传的事业,以此表达对儿子的激励和鼓励。祖父杜审言这一标杆,成为一种巨大的原动力,杜甫不仅教育晚辈,自己也以身作则,后来,杜甫走上艰苦的、漫长的诗歌探索之路,语不惊人死不休。

【编者语】

作为家族中的佼佼者,杜预的立身行事和杜审言的文学追求对杜甫影响深远。杜甫一生坎坷,饱经忧患,但他从未放弃报效国家的忠诚与热情,尽管生活清贫,却也从未见他潦倒自弃,这种精神上的贵族气质,正是杜氏家族传承的读书仕宦赋予他的先人基因。在杜氏家族家风的熏陶下,儒学精神成为杜甫的立身之本,也为他后来的成长奠定了坚实的基础。

---

[1] 见唐代杜甫《宗武生日》。

以上，我们复述了杜氏家族那么多的光荣往事，这绝对不是给杜甫虚拟一个高大上的背景，强行给诗人脸上贴金。杜预是名臣、名将，杜审言是名人、名家，一个功名满天下，一个诗名满天下，在杜甫的潜意识里，祖辈们就像无声的"导航仪"，默默指引着杜甫。杜预，激发了杜甫的功名意识、价值取向、入世情怀；杜审言，催动了杜甫的文学理想、诗歌水准、创作追求。他们影响了杜甫一生立身行事的姿态，共同铺就了杜甫生命的底色。杜甫有两个儿子，老大起个啥名呢？"杜宗文"，老二呢，"杜宗武"，一文一武，很显然，杜甫希望自己的孩子，把先人的功名事业接过来、传下去。

说过杜甫的家世，咱们该做一下小结了。

历史上不同的家世，有不同的说法，也就是不同的定性。比方说，官宦世家、绿林世家、史官世家、书香世家、中医世家、武术世家，等等，那杜甫的家世属于哪一类？

杜甫是这么说的："自先君恕、预以降，奉儒守官，未坠素业矣。"[1] 奉儒，就是坚信儒家的政治理想；守官，就是家族成员积极投身仕途；素业，就是儒业，也就是杜家先世所遗之业。所以，杜氏乃儒学世家，杜甫一生，始终以儒家思想作为安身立命的根本，杜甫诗集中，共计出

---

[1] 见唐代杜甫《进雕赋表》。

现"儒"字40多次。正是由于"奉儒守官",所以,杜氏不仅是儒学世家,也是官宦世家,杜甫说过:"传之以仁义礼智信,列之以公侯伯子男。"[1]"传之以仁义礼智信",这是实质性的"奉儒"啊;"列之以公侯伯子男",这是标准的"守官"啊。杜氏一代代香火延续,奉儒守官,子子孙孙都做了大官小吏。

我们说,家世,就如同一个人的根与魂。正是缘于杜甫这样的家世,"奉儒守官",在杜甫的生命历程中,始终是最绵长的能量加持。假如杜甫不是这样的家世,恐怕我们现在看到的杜甫,是另外一个模样。

需要补充的是,尽管杜氏一门,崇武的运筹帷幄,擅文的笔底生花。但是到了杜甫这一代,杜家已经不那么光鲜,不那么闪耀。都说人生不如意事十之八九。那杜甫的人生刚一开场,他,又经历了哪些悲喜?

---

[1] 见唐代杜甫《唐故万年县君京兆杜氏墓志》。

贰 苦乐童年

他是如何度过他的童年的?

这位名垂千古的「诗圣」幼年是否表现出了与普通孩子不一样的才华?

苦乐参半的童年又是怎样影响着他的人生的呢?

【文前按语】

再伟大的人物,也是从孩子成长起来的。童年是人生中最重要的阶段,亲人的陪伴、看过的风景、学过的知识都潜移默化成记忆,塑造着人。杜甫的父母都出自官宦世家,不用交租纳税,家族文风昌盛,祖父更是诗名远扬。虽然出身和背景优越于很多普通家庭,但杜甫的童年却有一个永远无法弥补的缺憾。

他是如何度过他的童年的?这位名垂千古的"诗圣"幼年是否表现出了与普通孩子不一样的才华?苦乐参半的童年又是怎样影响着他的人生的呢?

01

杜甫一生留下1400多首诗，可是呢，没有一首写到"花中神仙"。"花中神仙"是什么花？海棠花。本来呢，这事儿就不算个事儿，可是这个话题被炒得非常热，还引发了一桩学术公案，从唐宋到明清，一大波文人都来打这场"笔墨官司"，杜甫不写海棠的理由，最终求证出三个主要结论：第一，不能写，因为杜甫压根没见过海棠；第二，不爱写，因为杜甫对海棠"无感"，不喜欢；第三，不敢写，因为杜甫的母亲名叫"海棠"，我们知道，古人无论写诗作文，要避名讳，这是大忌，这条"红线"谁都不能踩，必须绕行。再说，"海棠"这个名儿，听着多像一个丫鬟啊、婢女啊、侍妾啊，太低级。

杜甫的母亲叫不叫海棠，史料真的没有记载。不过，问题来了，杜甫的母亲是何许人、何等身份？

上一讲咱们讲了，杜甫的父系那头，杜氏这个家族曾经无比强大。杜甫的母亲姓崔，要问这个崔氏怎么样？此乃清河崔氏。清河崔氏，这是在中原家族排行榜挂名的一大姓氏，隋唐时期，赫赫有名的要数"五姓七族"，也就是五个姓氏、七个家族，[1]这其中有两个崔氏，清河崔氏名列其中。这已经达到极限了吧？不，还在升级，更牛的是，崔家作为清河大族，世世代代与李唐王室联姻。说出来大家不要被惊到，杜甫的外祖母和外祖父，这两个家族都是李唐皇室的直系血亲。只不过，这两个家族后来都遭到武则天的血腥杀戮，所以，杜甫很少提及母系一支，很少触及这个痛点，只要一拨动这个话头，杜甫就心如汤火，五内俱焚。[2]

杜甫的外婆，姓李，谁呢，如假包换的金枝玉叶，唐太宗的曾孙女；杜甫外公的母亲，姓李，谁呢，唐高祖李渊的孙女。据此推理，杜甫的母亲不仅不卑微、不低贱，那是名门闺秀，简直高不可攀。

大家都知道，在各种文献当中，杜甫的"忠君思想"一再被提起、一再被强调，甚至被不解、被诟病。那现在，如果我们了解到杜甫外祖母、外祖父和大唐王朝的这层关系，是不是就更加容易理解杜甫，换句话说，杜甫也相当于大唐成千上万王子王孙中的一分子，那么，他对李唐王室的感情，能不格外亲近、格外特殊、格外赤诚吗？

---

[1] 五姓七族，又作五姓七望，是指隋唐时期中原士族家族代表，分别为陇西李氏、赵郡李氏、清河崔氏、博陵崔氏、范阳卢氏、荥阳郑氏和太原王氏。
[2] 见唐代杜甫《〈祭外祖祖母文〉》"缅维凤昔，追思艰寠。当太后秉柄，内宗如缕"。

内人双陆图
唐·周昉
卷本、设色
台湾故宫博物院藏

如果大家翻阅杜诗全集，就会发现，杜甫的舅舅，也是经常出现在杜甫笔下的光环主角，[1] 尽管这些舅舅，未必是亲的，但明眼人一眼就能看出来，杜甫不仅给自己的舅舅们"手动点赞"，同时还深以自己是崔家的外甥而喜滋滋、乐滋滋、美滋滋的。

那大家说，杜甫的父系也好，母系也好，两边都这么至尊至贵，杜甫堪比"锦鲤体质"，超级幸运。作为大诗人呢，杜甫又那么亮眼，这没个段子，该有多么黯淡。都说李白是神仙被贬，杜甫的人生剧本，也早就有人给写好了，杜甫也是带着使命降临人间的。有本书记载了一件事，说杜甫十多岁那会儿，做了一个梦，他梦见有人让他到康水边走一趟。醒了之后，杜甫就问康水在哪，别人告诉他，康水就在二十里外，杜甫到了康水，在这儿又遇见一个小童，这个小童虽小，但是他向杜甫揭开了一个天大的秘密，他说杜甫本是"文星典吏"，但终究文而不贵。[2] "文星典吏"，杜甫是文曲星下凡呐，文宗学府，文炳雕龙。文而不贵，预示着杜甫又难免愁苦一生、困顿一生。

大家一定发现了，越是名人，越少不了这样的段子，

---

[1] 见唐代杜甫（《白水明府舅宅喜雨》）"吾舅政如此，古人谁复过"，（《奉送二十三舅录事之摄郴州》）"贤良归盛族，吾舅尽知名"，（《赠舅父崔十三评事公辅》）"舅氏多人物，无惭困翮垂"。
[2] 见唐代冯贽《云仙杂记》卷一《文星典吏》。

比方关于苏轼的传说,和这类版本都是异曲同工。相传苏轼出生时,彭老山的草木一夜之间全部枯死。苏轼去世之后,彭老山的草木再度丰茂葳蕤、郁郁青青。不用我说,这样的故事,似曾相识,复制感特强,可信度超低,我们是不必认真的。不过,这也说明了一个问题,就是像苏轼作为人杰,他一人可以夺走彭老山的全部灵气,钟灵毓秀集于一身。杜甫的诗歌造诣为啥无人能及,好事者通过一个具有象征意味的梦,给出一个"别致"的解释,杜甫天生就不是凡人。

那我们都知道,杜甫没有这么魔幻,杜甫就是实实在在的河南人。相关资料明明白白地显示:河南巩县。巩县,就是今天的河南省巩义市。说到河南,如果盘点一下,河南籍的大诗人真不少,韩愈、元稹、李贺、白居易、李商隐、刘禹锡,等等,掂量掂量,哪一位在诗坛的分量都不轻。

那杜氏为啥和巩县会发生历史交集呢?这要从杜甫的曾祖父[1]说起。杜甫的曾祖父,曾经担任巩县县令,约等于巩县的县长,所以杜氏很可能这个时候迁居到这儿,尽管杜甫的爷爷、杜甫的爸爸都没在巩县做官,但是因为这里有故宅,所以,杜家一直生活在这儿,杜甫出生在这儿,也是合情合理的了。

---

[1] "杜甫的曾祖父"指杜依艺。

如果再微观一些，再具体一些，杜甫出生在巩县城东南瑶湾村一个窑洞里，今天叫作"杜甫诞生窑"。这个瑶湾村呢，背靠一座山，名字叫作笔架山。话说这个村子，不过是普普通通的一个村子，这个笔架山呢，也不是什么巍巍大山。但是笔架山海拔不高、"颜值"高，之所以叫笔架山，是因为这座山三峰并立，中峰高，两侧低，就好像一个"山"字，总体山形山貌又酷似一个老式的笔架，故名笔架山。在笔架山的山后，还有一个天然形成的池塘，这个池塘，池水不深，但寓意深，再看它的形状，完全一个砚台的形状，当地人把它称作"砚台池"。

那大家琢磨琢磨，笔架山、砚台池，有笔有架，有墨有砚，笔墨纸砚，这可是自古以来文人雅士的标配。所以，当地人觉得，好风水必出大学士。杜甫家乡的人，大爱杜甫，他们愿意相信，笔架山和砚台池，似乎都是为杜甫的出场，设置好了所有的布景，仿佛杜甫就是天纵之才、天选之人，他们为杜甫出生在这里无比自豪，同时也饱含了太多的情感寄托。

如此说来，杜甫的父系一族、母系一族，都位于社会金字塔的顶端；杜甫的出生地，又是一块宝地，人杰地灵。一切都是最好的安排，可是，一切都是最不好的安排。为啥呢？

02

说起来这人间之事,哪有什么顺风顺水。非常不幸的是,在杜甫年幼的时候,杜甫的母亲崔氏就撒手人寰。至于当时杜甫到底是几岁,我们找不到精准的数字,约莫三四岁的模样,杜甫曾经追忆过,他说:"弱岁俱苦,慈颜永违。"[1] 世上没有任何一声呼唤,能比叫一声"娘"更打动人心。母爱缺失,对一个孩子意味着什么,我想不需要太多的解释。

那年幼的杜甫,去哪了呢?

在当时,杜甫的母亲离去,杜甫的爸爸杜闲,此时身为朝廷命官,身不由己,长期在外任职。于是,小杜甫就被寄养在二姑家。二姑家在洛阳,大家要知道,今天的洛阳,是个三线城市,而在唐朝,洛阳是个滚烫的名字。唐高宗时期,以洛阳为都,称作东都,到了武则天时代,洛阳又实现了一次完美升级,东都改为神都,[2] 意思是"神州大地之都",这是中国历史上唯一被官方命名为"神都"的城市。作为事实上的首都,洛阳城规模恢弘、壮丽无比,某种程度上不逊于长安城。所以,巩县是杜甫的出生地,

---

[1] 见唐代杜甫《祭外祖母文》。
[2] 657年,正式置洛阳为东都,684年,改东都为神都。

却不是杜甫的成长地。对于杜甫而言,洛阳相当于他的第二故乡。

我们发现,中晚年的杜甫,当他辗转流寓,身如浮蓱,感时忧国,思乡恋土,洛阳在大诗人的笔下遂反复出现。在杜甫的心中,洛阳不是一个抽象的概念,也不单单是一个地理上的存在,杜甫感受到挥之不散的乡愁,无法排遣又无处不在。

洛阳好还是不好,对咱们来说,不那么重要,对不对?我们关心的是,杜甫的二姑,她对待年幼的杜甫是好还是不好?要回答这个问题,我们只需要看一句话就够了。

杜甫三十一岁的时候,杜甫的二姑病逝,杜甫特地赶来,披麻戴孝,为姑母撰写墓志铭。杜甫一边落墨,一边落泪,辞泪俱下,到了墓志铭的结尾,诗人情不自禁,发自肺腑,尊姑姑一声"义姑":"呜呼,有唐义姑京兆杜氏之墓。"[1] 杜甫为啥加上"义"这样的修饰语?

杜甫在这儿是用了一个典故。在历史上,"唐义姑"之前,还有过一个"鲁义姑"。说的是春秋晚期,一个齐国,一个鲁国,齐国风头正盛,鲁国日薄西山,齐强鲁弱。有一年,齐国入侵鲁国,就在大军进攻的路上,齐国将领看

---

[1] 见唐代杜甫《唐故万年县君京兆杜氏墓志》。

见一个特殊的难民。这是一个乡间妇女,她怀里抱个孩子,手里牵个孩子。这个时候,眼看齐军就要追上了,妇人知道拖着两个孩子,肯定跑不掉,就在最危急的时刻,怎么办?这个妇人迅速丢下怀里的孩子,抱起领着的孩子,奋力向山林中逃命。她丢下的是谁的孩子呢?是她自己的儿子;她抱走的,是她的侄子。面对不能两全,只能取其一,这个妇女做出的选择就是:舍儿救侄。[1] 齐国将领深受感动,于是下令撤军,鲁国这位妇人,被称为"鲁义姑"。

说到这儿,杜甫给我们讲述了他小时候一段病史,几乎就是"鲁义姑"的翻版。大意是说,杜甫和二姑的儿子同时染病,二姑心急如焚,请来女巫给两个孩子治病。女巫说,厅堂柱子的东南角,这是块福地,可以逢凶化吉。[2] 这个地方本来是表弟的地方,二姑为了保住杜甫,交换了位置,结果小杜甫的病痊愈了,二姑的儿子却夭折了。

"鲁义姑"的原型出自《列女传》,《列女传》相当

---

[1] 见张涛:《列女传译注·节义传·鲁义姑姊》,原文:"所抱者,妾兄之子也;弃者,妾之子也。见军之至,将及于追,力不能两护,故弃妾之子"。北京:人民出版社2017年版,第212页。

[2] 见唐代杜甫《唐故万年县君京兆杜氏墓碑》:"甫昔卧病于我诸姑,姑之子又病,问女巫,巫曰:处楹之东南隅者吉。姑遂易子之地以安我,我用是存,而姑之子卒,后乃知之于走使"。清代仇兆鳌注《杜诗详注》,北京:中华书局1979年版,第2228-2232页。

鲁义姑图

出自山西长子南沟金代壁画墓

于一部妇女"教科书"。"唐义姑"的故事，是真实的故事，当时杜甫还不记事儿，后来从别人口中得知真相。我们换位思考一下，一个是儿子，一个是侄子，情感的天平总要有所倾斜吧？一场病，一生情，这笔感情账，实在无法计算。可见姑母的人格魅力，对杜甫的影响有多大！

在这篇墓志铭中，我们还看到，杜甫的二姑，完全称得上内外兼美、蕙质兰心。姑母贤良淑德，腹有诗书。咱们按照常理推断，假如一个人没有诗书浸润，他的心灵一定是干瘪的，苍白的。反过来，内秀必会外显，姑母的气质肯定差不了。姑母无论为人妻、为人母，相夫教子，尽其心力，更为难能可贵的是，姑母其人，心怀一片慈悲。

大家说，最好的教育一定是在别处吗？其实，它往往就在身边，朴素无华，润物无声。哪有什么一蹴而就的伟大，都不过是点点滴滴的陶冶与熔铸。正是因为杜甫在慈悲的姑母身边长大，所以后来无论他如何潦倒、如何落魄，都自始至终推己及人。从少年到白头，从故乡到异乡，无论杜甫站在哪儿，他的心中都时刻带着向善的力量。杜甫的心里，从来不只装着他一个人的春秋冬夏。杜诗中利他主义的精神、人道主义的光芒，不能不说早年受到"义姑"的几分濡染。姑母的正直、温情、无私，在杜甫的墓志中不磨不灭。

儿时丧母,阴阳两隔,寸草心不能报答三春晖,这是杜甫的大不幸;可是,姑母对小杜甫不仅视如己出,而且胜于己出,这又是杜甫的大幸。因此,杜甫的童年有苦亦有甜,加上杜甫的父亲有官可做,有薪水可拿,不能说实现了多么大的"财务自由",但家庭条件也应该不错,所以,杜甫打小的经历也不可能和普通孩子一样。接下来,咱们公开一下杜甫的成长日记。

03

我敢说,杜甫小时候看的舞,很多唐朝人一辈子都没看过。这场舞蹈,名曰《剑器》舞,[1] 主演公孙大娘。

让我们吃惊的是,五十年过去,杜甫晚年流落南方,他居然又看到一场舞蹈,舞者是谁呢?公孙大娘早已作古,舞者是公孙大娘的传人。看到徒弟,想起师父,这一场景自然而然引发了杜甫一波回忆杀。杜甫在描绘公孙大娘弟子的舞蹈之前,他生动、细致地回忆了当年公孙大娘的舞

---

[1] 见唐代杜甫《观公孙大娘弟子舞剑器行》,序中说"舞剑器浑脱",为讲述方便,只说剑器舞。《唐音癸签》中引述《乐史》说,《剑器》与《浑脱》本为两种舞蹈,在武后时期逐渐融合成为一种舞蹈《浑脱》。

姿,诗是这么写的:

> 昔有佳人公孙氏,一舞剑器动四方。
> 观者如山色沮丧,天地为之久低昂。
> 㸌如羿射九日落,矫如群帝骖龙翔。
> 来如雷霆收震怒,罢如江海凝清光。[1]

这几句大意是说,从前有个漂亮的舞女,名叫公孙大娘,每当她跳起《剑器》舞,实在太震撼了,仿佛天地四方都跟着她舞起来。演出现场人山人海,观众们兴奋、陶醉,屏气凝神,神色紧张;天地上下,仿佛都被公孙大娘的舞姿感染,起伏、震荡。公孙大娘手中,握着一柄令人眼花缭乱的剑。剑光璀璨夺目,有如后羿射下九个太阳的光芒;舞姿敏捷腾转,恰似天神驾着游龙翱翔。开场时,那把雷霆之剑,气势万钧;收场时,忽然平静,好像江海凝聚的波光。

咱们都脑补一下,这个场面是不是超刺激,难怪观众全都陷入一种深深的"沉浸式"体验,那为啥公孙大娘令杜甫终生难忘,为啥一场演出令诗人回味万千?

话说公孙大娘,那可不是一般的大娘,这《剑器》舞也

---
[1] 见唐代杜甫《观公孙大娘弟子舞剑器行》。

不是一般的舞蹈。一听大娘,大家会不会"对标"跳广场舞的中国大妈呀?而公孙大娘这个大娘可一点儿都不老,她就是公孙家排行老大的女儿。公孙大娘,那是开元年间享有盛名的宫廷舞蹈家,是既叫好又叫座的教坊舞伎。什么是教坊舞伎?教坊是一个机构,它是教习和管理宫廷音乐的官署,始自唐代。[1]"舞伎"嘛,就是专业表演歌舞的艺人。[2] 这里给大家提供一个数字。当年唐玄宗的侍女总和,大约八千人,要问谁的《剑器》舞排名第一,非公孙大娘莫属。从梨园弟子再到宫外舞女,懂得《剑器》舞的,只有公孙大娘。所以,杜甫打出的评语是"浏漓顿挫,独出冠时"。[3] 意思是说,公孙大娘的舞蹈,流畅飘逸,回旋曲折,堪称舞者之冠。

这个《剑器》舞是咋回事呢?这个《剑器》舞,并不是本土的产物,而是源自西域的外来舞蹈。[4] 那这个《剑器》舞有什么特点,或者说有什么看点呢?

咱们都知道,戏曲是分类的,它分为文戏和武戏,文戏看唱功,哼哼呀呀;武戏看武功,打打杀杀。舞蹈也是

---

[1]《中国百科大辞典》,北京:中国大百科全书出版社2001年版,第1012页。
[2]《辞海》,上海:上海辞书出版社1989年版,第2879页。
[3] 见唐代杜甫《观公孙大娘弟子舞剑器行·序》。
[4] 杜甫有35首诗以描写舞蹈为主题。参见吴石玉:浅析杜甫诗文中的唐代舞蹈特点及其社会成因,《杜甫研究学刊》2019年第4期。

分类的，它分为健舞和软舞。健舞，豪放型的；软舞，婉约型的。一个壮美，一个优美。公孙大娘这个《剑器》舞，属于健舞还是软舞？当然属于健舞，因为舞蹈名曰《剑器》，就是跳着舞耍剑，或者说，耍着剑跳舞，舞者虽为女子，但作男子戎装，通常打鼓伴奏，以鼓开场，表达的是战争主题，既有舞蹈美，又有武术美，又燃又飒的感觉是不是一秒上线？所以，杜甫回忆说，"昔有佳人公孙氏，一舞剑器动四方。观者如山色沮丧，天地为之久低昂"。当年的公孙大娘，绛唇珠袖，玉貌锦衣，一套动作下来，直叫青山低首，直叫风云变色，刚柔并济，真是好看。

那杜甫是在哪看的呢？

这个公孙大娘，既在宫廷表演，也在民间献艺，杜甫是在郾城[1]看的，当时杜甫还是一个六岁的娃娃。六岁的娃娃，看得非常过瘾，从此，爱上《剑器》舞，也"粉"了公孙大娘。

大家要知道，杜甫写这首诗的时候，已经年过半百，尽管诗人要表达的是"五十年间似反掌"[2]的兴亡之叹，但童年的观舞印象，诗人居然完美再现，写得如此具有代入感。

---

[1] "郾城"今河南漯河市郾城区。
[2] 见唐代杜甫《观公孙大娘弟子舞剑器行》。

【编者语】

童年的杜甫不仅有惊人的记忆力,而且很快就表现出作诗的天赋。在全民崇尚写诗的唐代,七岁的杜甫也开始了人生的第一次创作。小小年纪,开口便是咏凤凰,这个传说中的神鸟也成为日后杜甫诗中常出现的意象。为何杜甫从小就对凤凰情有独钟?凤凰在他心中代表了什么?

04

杜甫七岁了。一提起七岁这个年龄节点,咱们一下子能想到谁?骆宾王七岁能咏"鹅,鹅,鹅"。我要告诉大家,七岁不止能咏鹅,还能咏凤凰。杜甫说他自己"七龄思即壮,开口咏凤凰"[1]。

至于小杜甫当年是怎么咏凤凰的,我们不得而知,因为这首诗已经散佚了,我们看不到了,否则一定会有许多喜好"大擂台"的读者,把杜甫和骆宾王的"处女作"拿

---

[1] 见唐代杜甫《壮游》。

来,放在一起PK。

这里的问题是,骆宾王看见大鹅,所以咏鹅,难道杜甫也是因为看见凤凰而咏凤凰吗?骆宾王亲眼看见大鹅,货真价实,所见即所得,杜甫只能凭空想象。因为凤凰只是古代传说中的百鸟之王,"百鸟朝凤"。那小杜甫歌咏凤凰,到底隐藏什么小心思呢?

我们发现,杜甫自打七岁开始歌咏凤凰,现存杜诗当中,写到凤凰或者和凤凰相关的诗作多达六十余处。那咱们能不能顺藤摸瓜,破译杜甫七岁咏凤凰的心理"密码"呢?

凤凰虽然是虚构的,但有件事是真实的。杜甫四十八岁那年,他前往同谷县,途经一座山,相传此山有凤凰来过,所以名叫凤凰山,山上有个台,名叫凤凰台。杜甫来到台下,他很想登上去看看,可是这里石峰林立,云雾飘浮,又陡又险,杜甫就想,这要有个梯子该有多好!诗人想登台,到底要干吗呢?杜甫有担心,他担心台上会不会有一只失去妈妈的小雏凤,说不定又饥又渴,正在啾啾悲鸣。可是登上去也不能解决问题啊,凤凰太高洁了,"非梧桐不止,非练实不食,非醴泉不饮"[1]。不是高大的梧桐它不停,不是竹子的果实它不吃,不是甘甜的泉水它不喝。杜甫表

---

[1] 出自《庄子》。

示，只要能养活这只雏凤，剖自己的心，输自己的血，他都心甘情愿、在所不辞。

那诗人呕心沥血，目的何在？诗人要亲眼看着这只雏凤长大，看着它长出七彩长羽，看着它奋翅高飞，给天下百姓带来巨大的福祉，救国拯民："再光中兴业，一洗苍生忧"[1]。

这里问题就来了，凤凰怎么能"一洗苍生忧"，二者之间是什么深层逻辑？

第一，凤凰是神鸟，是象征。凤凰这种鸟，早期见于神话，[2]神话中的凤凰长啥样呢？凤凰有五彩，有五"像"：头顶的花纹像"德"，翅膀的花纹像"义"，后背的花纹像"礼"，腹部的花纹像"信"，前胸的花纹像"仁"，仁、义、礼、德、信，这些符号，非常明显，形象的凤凰已化为抽象的准则，表明和儒家伦理的关联。大凡凤凰出现都会自歌自舞，百兽永远和它们和睦共处。因此，从神话推理凤凰的文化意义，凤凰自然成了一种象征，象征四海升平，象征众生安泰。

第二，凤凰是瑞鸟，是吉兆。在某些儒家典籍里，凤凰是神圣的。《礼记》中说，麟、凤、龟、龙，谓之四灵。

---

[1] 见唐代杜甫《凤凰台》。
[2] 分别见于《山海经·大荒南经》《山海经·大荒西经》《山海经·海内经》。

《诗经》当中的凤凰，雍容华贵，叫声也是绝美的天籁。在《论语》中，孔子也以凤凰飞来，代表盛世将至，国家有望。[1] 所以，中国人把很多属性都赋予了凤凰：自由、快乐、喜庆、吉祥、和谐、善良、幸福、美满，等等。

因此，杜甫在这首诗中，借助凤凰意象把自己的理想升华释放，诗人挽救雏凤，就是为了保存祥瑞，哪怕牺牲自我都无怨无悔。这首诗和杜甫其他诗歌最大的不同，就是诗人采用了非现实主义的手法，既浪漫，又悲壮。"再光中兴业，一洗苍生忧"。我们仿佛看见，杜甫当年徘徊在凤凰台下，缠绵悱恻，久久不忍离开！

咱们都知道，李白也写凤凰，纵观李白诗歌中的凤凰意象，主要围绕两大主题展开：一是以凤凰形象对照黑暗现实，对不公平的社会现实进行抨击，对自己不得意的处境抒发感愤。二是以凤凰意象架构神仙世界，完成自己对仙道的幻想。虽说李白和大鹏的缘分更深，"大鹏一日同风起，扶摇直上九万里"，[2] 但是大家发现没有，李白诗中的大鹏，很有一种高高在上的疏离感，而杜甫诗中的凤凰，则带着浓浓的人间烟火味，"再光中兴业，一洗苍生忧"，那

---

[1] 见春秋战国（《论语·子罕》），孔子忧虑世道不好，悲观地叹息："凤鸟不至，河不出图，吾已矣夫！"。
[2] 见唐代李白《上李邕》。

是一只胸襟宏大、情怀悲悯的凤凰,同时也笼罩着一层悲剧色彩,难怪有人说,这让人想起高加索那个盗火的普罗米修斯。那李白为啥爱大鹏,杜甫为啥爱凤凰?闻一多先生有句话说得非常到位,他说:"凤凰是禽中之王,杜甫是诗中之圣,咏凤凰简直是诗人自占的预言。"[1] 没错,大鹏是李白的人格载体,同样,凤凰是杜甫的艺术化身。说到底,他们都是自比自况。

"七龄思即壮,开口咏凤凰",杜甫的第一声歌咏,发出的竟是对凤凰的礼赞,真是天才必有天才般的开端。从中可以看出,儒家文化的种子在杜甫一颗童心中的萌芽。杜甫对凤凰情有独钟又一往情深,从文艺心理学的角度来讲,这缘于杜甫"童年经验"的重要。[2] 杜甫童年深深的"凤凰情结",成为诗人一生剪不断的精神脐带。

那小杜甫是不是只会写诗,有没有点其他特长给大家展示一下?大家要知道,书法和诗歌到了唐代相辅而行,双双达到无可比拟的高峰,成为有唐代艺术精神的焦点。杜甫的少儿书法,一定会惊艳你。

我们知道,杜甫写诗有"家传",杜甫练字有没有"家

---

[1] 见闻一多《唐诗杂论》,上海:上海古籍出版社1998年版,第135页。
[2] "童年经验是指一个人在童年的生活经历中所获得的心理体验的总和,包括童年时的各种感受、印象、记忆、情感、知识、意志等。"童庆炳、程正民主编:《文艺心理学教程》,北京:高等教育出版社2011年版,第92页。

传"呢？杜甫的爷爷、杜甫的爸爸，[1]他们的书法，都是能摆到桌面谈一谈的。那小杜甫是临摹谁的字帖呢？据说他临摹的是虞世南的作品。虞世南也是个有头有脸的大人物，初唐著名的政治家、文学家、书法家、诗人，"凌烟阁二十四功臣"之一。要论虞世南的书法造诣到了哪个台阶，他被列入"唐初四大书家"，[2]这不能单单算业界高手，绝对是个"腕儿"。还有一个爆料是，虞世南的老师很厉害，他是一个和尚，名叫智永，智永是谁啊？他是"天下第一行书"王羲之的七世孙，所以虞世南也算间接得到王羲之的书法真传，那水平绝对差不了。

我们都深知一个道理，书法这些艺术品类，日锻月炼，久久为功，没有天赋不行，光有天赋也不行。杜甫自己说"九龄书大字，有作成一囊"。[3]啥意思呢？杜甫九岁时，基本掌握了书法的相关技巧，书法习作能装满一口袋。可以想见，杜甫小朋友练习书法，也是蛮拼的。

那杜甫为啥要苦练书法？有人说，这不和今天一样吗，孩子不光要学文化课，还得上补习班，什么钢琴、游泳、插花、乒乓球、五子棋、跆拳道，我要告诉大家，孩子们

---

[1] 蔡居厚藏杜闲所书《豆卢府君德政碑》，见孙微、张学芬，《杜甫传》，成都：天地出版社 2020 年版，第 9 页。
[2] 虞世南、欧阳询、褚遂良、薛稷并称唐初四大书家。
[3] 见唐代杜甫《壮游》。

《法华寺碑》
唐·李邕
行书、拓片

今天学习这些可以是业余的,但杜甫学习书法,那是必需的。因为,唐朝吏部考试有四个项目,叫作:身、言、书、判。[1] 身要怎么样?体貌丰伟;言要怎么样?言辞辩正;书要怎么样?楷法遒美;判要怎么样?文理优长。所以,对于杜甫来说,书法是必修课,唐人书法厉害的非常多,这与吏部考试关系很大。

杜甫书法的真功夫,虽然是从娃娃抓起的,但是杜甫锲而不舍,他不仅是一个勤奋的书法练习者,也是一个出色的书法评论家。虽然杜甫的真迹我们看不到了,但是,杜甫有一百多首诗论及书法,可以叫作"论书诗"。

在这些诗里,杜甫记录了他与书家的交游情况,李白、李邕、张旭、郑虔、贺知章、曹霸等二十多位书家都是杜甫朋友圈的人。大家看到了吧,这个名单里,有大家非常熟悉的"草圣"张旭。据说,张旭"善草书,每醉后,号呼狂走,索笔挥洒,变化无穷,若有神助"。杜甫诗中说"张旭三杯草圣传,脱帽露顶王公前,挥毫落纸如云烟"[2],我们好像看到了张旭现场笔走龙蛇的电影画面,而且还加了特效。字迹如云,字迹如烟,草书从他的笔下流泻而出。在显赫的王公大臣面前,张旭脱下帽子,挥洒自由,舒卷

---

[1] 傅璇琮:《唐代科举与文学》,北京:中华书局2020年版,第527页。
[2] 见唐代杜甫《饮中八仙歌》。

自如，潇洒自在!

这说明啥？杜甫不仅练书法，爱书法，也懂书法，俗话说"外行看热闹，内行看门道"，更关键的一点，杜甫的"论书诗"包含了杜甫独特的书法主张，杜甫明确提出对后世影响极大的书学观点——"书贵瘦硬方通神"[1]，杜甫十分强调笔锋，看重一种骨力。人有骨才有生命，同样道理，字有骨方可通神。

"七龄思即壮，开口咏凤凰"，"九龄书大字，有作成一囊"。总的来说，童年的杜甫，长于良宅，居于盛都，六岁观舞，七岁吟诗，九岁练字，"全程高能"。那接下来少年的杜甫"持续高能"，做得到吗？

---

[1] 见唐代杜甫《李潮八分小篆歌》。

叁 开元少年

杜甫记忆深处的开元盛世是怎样的一番景象?这一段快意的少年时光,给杜甫后来荆棘塞途的人生带来多少慰藉?

【文前按语】

　　人们常常以为,杜甫一生都是穷困潦倒、颠沛流离的,他经常眼神忧郁、眉头深锁。其实,真实的杜甫在年少时也曾有过一段十分优裕的快乐时光。十四五岁的杜甫身体健壮,文采出众,在大唐第二政治文化中心的东都洛阳,以诗赋见长的他在大腕云集的翰墨场里已崭露头角,成为令人青睐的"文坛新星"。少年杜甫亲身体验着盛世繁华,油然而生的自豪和骄傲之情,化作拳拳报国之心,从此贯穿他的一生。

　　杜甫记忆深处的开元盛世是怎样的一番景象?这一段快意的少年时光,给杜甫后来荆棘塞途的人生带来多少慰藉?

01

我相信,每个人心中都住着一个唐朝,好多人都想穿越一下,梦回唐朝。那梦回的唐朝,是哪个阶段的唐朝?当然是如日中天的唐朝,唐朝最璀璨的时段。咱就说好不好,咱就说巧不巧,这趟千年不遇的盛世"班车",杜甫搭上了,适逢其时,躬逢其盛。

一转眼杜甫十四五岁了,恰同学少年,要问少年杜甫怎么样?不得不说,厉害了,我的少年!杜甫到底有多么厉害,咱们从三个方面展开一下:

第一,身体倍棒。杜甫说自己十五岁那个时候,身体太健壮了,"健如黄犊"[1],小牛犊啥特点?如果大家善于观察,就会发现,小牛犊一生出来,不是撒欢就是踢腿,活蹦乱跳,甚至横冲直撞。杜甫同学,壮得像个小牛犊,说明啥?能量过剩呗,精神头儿十足呗,浑身使不完的劲儿。杜甫还说,自己这个时候还是一颗孩子心,孩子心是什么心?大多是吃的心、玩的心、乐的心。当院子里的梨熟了、枣熟了,杜甫同学"噌噌噌"上去又下来,下来再上去,一天数不清多少回。

---

[1] 见唐代杜甫《百忧集行》:"忆年十五心尚孩,健如黄犊走复来。庭前八月梨枣熟,一日上树能千回。"

第二，文采极佳。不是说，出名要趁早吗，这一点，杜甫做到了。杜甫同学在洛阳崭露头角，而且走红的速度飞快。杜甫诗中说："往昔十四五，出游翰墨场。斯文崔魏徒，以我似班扬。"[1] 啥意思呢？杜甫提到两个人，一个姓"崔"，一个姓"魏"。从辈分上来讲，崔、魏二人，乃文坛前辈。从年龄上来讲，他俩要比杜甫年长很多。可是呢，辈分不是问题，年龄不是问题，他们褒赞杜甫的文风怎么样？"似班扬"，大有班固、扬雄之风。

大伙要知道，东汉的班固、西汉的扬雄，这是两汉时期叫得响的两位文学大家。那崔魏称誉的杜甫的文才，到底指的是啥？其实，在文学史上，班固、扬雄，并不是以诗闻名。从文学样式来讲，有一种说法，叫"一代有一代之文学"[2]。

比方说，楚骚、汉赋、六代骈文、唐诗、宋词、元曲、明清小说。大家注意，在汉为赋，汉赋在两汉时期具有代表性，具有标志性，垄断汉代文坛长达四百多年，出现过著名的"汉赋四大家"[3]，在这"四大家"当中，班固和扬雄双双入选，占了两个席位。

---

[1] 见唐代杜甫《壮游》。"崔"指崔尚，"魏"指魏启心。
[2] 王国维在《宋元戏曲考》首次提出"凡一代有一代之文学"。
[3] "汉赋四大家"指司马相如、扬雄、班固、张衡。

那"斯文崔魏徒,以我似班扬",这说明啥?一方面,尽管这里包含崔魏二人,对杜甫同学有鼓励的成分,但也说明杜甫同学的赋,写得确实不错,铺张扬厉,很有班固、扬雄的影子;另一方面,说明杜甫同学有潜质,后生可畏,大唐文坛的一颗新星正在冉冉升起。"往昔十四五,出游翰墨场。斯文崔魏徒,以我似班扬。"这光有人对杜甫点赞,没有转发没有关注,好像还差那么点意思,有没有哪个大人物,想见见杜甫啊?

第三,人气特旺。杜甫告诉我们:"李邕求识面,王翰愿卜邻。"[1]大意是说,李邕都想认识认识少年杜甫,王翰都巴不得和杜甫成为邻居。乍一听这话,好像不值得大惊小怪,但关键问题是,想和杜甫谋面的人是谁,想和杜甫成为邻居的人又是谁,李邕和王翰,他俩处于哪个段位?

要说李邕和王翰,这俩人都不简单。王翰是著名的边塞诗人,"葡萄美酒夜光杯,欲饮琵琶马上催。醉卧沙场君莫笑,古来征战几人回",这首家喻户晓的《凉州词》,作者就是王翰。

李邕的咖位就更高了。李邕是唐代文章泰斗,书法巨擘。作为书法家,李邕是被拿来和王羲之相提并论的。大

---

[1] 见唐代杜甫《奉赠韦左丞丈二十二韵》。

家都知道，王羲之的书法，别人不是送他八个字吗："飘若浮云，矫若惊龙"，李邕的书法，他送别人八个字："似我者俗，学我者死"，看看吧，书法，谁模仿李邕，不过东施效颦，只能落入俗套；谁学习李邕，如果不懂变通，根本无法超越，只能死路一条。李邕的书法简直成了独门绝技！

还有，史书上说，李邕出身书香门第，胸罗万卷，博古通今。李邕的学问很不一般，李邕的长相更不一般。他长得眉眼俊异，不是凡人之貌，这就有点神秘啦，所以，李邕入朝为官之后，许多年轻后生，慕其大名，景仰膜拜，李邕所到之处，常常引发追星般的轰动效应，那种场面，简直是"众人围观，人仰马翻"[1]。

如此说来，李邕怎么可能放下身段，去求见那么年轻的杜甫呢？这件事，正史是有记载的，大家看，"李邕奇其材，先往见之"。这句引文包含一个因果逻辑，因为杜甫卓尔不群，李邕惊叹不已，所以是李邕主动会见杜甫的。[2] 由此可见，杜甫既不是白日做梦，也不是夸张之词，对不对？可是，不对呀，李邕比杜甫大了三十多岁，王翰也比杜甫

---

[1] 见《旧唐书》载：（李邕）人间素有声称，后进不识，京、洛阡陌聚观，以为古人。或将眉目有异，衣冠望风，寻访门巷。
[2] 见宋代宋祁等《新唐书·杜甫传》。

大了二十多岁，是不是这二位平易近人，对文坛后生一贯那么客客气气呢？要说王翰，那是有名的富豪，进士及第，倜傥不群，而且发言立意，自比王侯，要钱有钱，要才有才，要傲慢，傲慢得不得了哇。李邕呢？

02

"李邕求识面，王翰愿卜邻"。我要告诉大家，杜甫能得到李邕的"青眼"，不是正常，而是"非常"。为啥呢？这就要说到李邕的性格了。李邕，一方面锋芒毕露、直言敢谏；另一方面，英风豪气、目无下尘。[1] 这个人眼光非常高，就连"诗仙"李白都曾遭遇李邕的"白眼"。谁不知道李白呀，如果做个问卷调查，问大唐诗人最狂最傲的是哪一个？李白毫无悬念，稳拿第一。你看，什么"天生我材必有用，千金散尽还复来"[2]，什么"仰天大笑出门去，我辈岂是蓬蒿人"[3]，什么"安能摧眉折

---

[1] 见《新唐书·李邕传》载：卢藏用尝谓："邕如干将、莫邪，难与争锋，但虞伤缺耳。"
[2] 见唐代李白《将进酒》。
[3] 见唐代李白《南陵别儿童入京》。

腰事权贵,使我不得开心颜"[1]。尽管后来李白和李邕成为至交,成为知己,可是李白年轻那会儿有一次去谒见李邕,直接遭到"爆冷"。为啥呢?因为李白当时是本色出演。李白什么本色啊?"天为容,道为貌,不屈己,不干人"[2],不委屈自己,不乞求别人,所以,李白不开口则已,一开口,那口气是相当大,放言高论,纵谈王霸,李白好自负啊,可人家李邕也好自负啊,结果是李邕大为不悦。所以,这次拜见既不友好,也不愉快。

李邕就是这样一位"名角"、文坛大V、书坛大V,入他法眼的人屈指可数。可是呢,"李邕求识面",这就反衬出,杜甫什么气场?是不是接近"三顾茅庐"的气场?"斯文崔魏徒,以我似班扬","李邕求识面,王翰愿卜邻",咱们想想看,这一阶段的杜甫,真是少年初长成,自在恰如风。如风的少年,不仅见过大人物,有过大荣耀,他还观看过大唐"歌神"演唱会呢。

---

[1] 见唐代李白《梦游天姥吟留别》。
[2] 见唐代李白《代寿山答孟少府移文书》。

【编者语】

少年杜甫,意气风发,潇洒恣意,毫不掩饰对自己才华的超级自信,吸引着洛阳城名流的关注,成为他们的座上客。少年杜甫,体魄雄健,精力充沛,无忧无虑,听最美的歌声,看最美的书画,结交有趣的人。这段灿若骄阳的少年时光给杜甫留下了怎样的人生印记?当他历经沧桑又会有怎样的慨叹?

"歌神"是哪位?咱们都熟悉。来,《江南逢李龟年》,咱们复习一下:

> 岐王宅里寻常见,
> 崔九堂前几度闻。
> 正是江南好风景,
> 落花时节又逢君。

诗的大意是说:记得从前在岐王府里、在崔九客厅,我们经常能够见面,我也多次聆听你的歌声。如今在大美江南,落英缤纷的暮春时节,我又跟你在异乡重逢。那有重逢就得有初逢，杜甫和李龟年是怎么认识的呢？

咱们刚刚说过，少年杜甫，不是惊才绝艳吗，所以，杜甫得到两个人的赏识抬爱，一个是李范，就是诗里的"岐王"，一个是崔涤，就是诗里的"崔九"。李范是谁？说出来别惊到大家，李范原名李隆范，大家猜猜他能是谁？那可是唐玄宗李隆基同父异母的弟弟，他和李隆基一样，通身充满了艺术细胞，而且位尊人贤，团结了一大批顶尖音乐人，群英荟萃。在这个队伍当中，李龟年兄弟三人[1]，风光无两。尤其李龟年，你说他是大唐歌神、歌王、歌霸，哪个词儿放他身上都不牵强。李龟年的嗓子，简直是"天使吻过的嗓子"，歌者一首曲罢，闻者三日绕梁。而且，李龟年演唱、作曲、吹筚篥、奏羯鼓、弹琵琶，样样当行本色。

这李龟年，人红歌也红，歌红人也红，所以，他经常得到达官显贵的邀请，每回赏赐都成千上万，"出场费"高得惊人！更有犀利爆料，说李龟年在东都洛阳的豪宅，顶级的奢华，顶级的气派，甚至远超京城长安的公侯府第。[2]大家想，当时的李龟年爆火，少年杜甫也火爆，就这样，李龟年成了幸运儿，杜甫也成了座上客，"李龟年演唱会"，杜甫

---

[1] 指李龟年、李彭年、李鹤年。
[2] 唐代郑处诲《明皇杂录·卷下》。

有机会多次光临现场。

以上就是这首诗里包含的四个人物：第一，岐王；第二，崔九；第三，"君"，也就是李龟年；第四，隐藏的诗人，作者杜甫。大家再注意，这首诗里还出现了三个地点：第一，"岐王宅里"；第二，"崔九堂前"；第三，"江南"。那杜甫和李龟年，又是怎么在江南重逢的？

几十年过去了，有一个春天，杜甫在潭州和李龟年遇见了。惊不惊喜，意不意外？可是，我要告诉大家，意外归意外，但是有惊无喜。为啥呢？

"岐王宅里"、"崔九堂前"，那是啥地方啊？那是名流雅集之处，也是开元时期精神文化的集中地，杜甫初逢李龟年，正值"开元全盛日"。弹指一挥，几十年天翻地覆，他们江南的再次重逢，这是怎样的重逢啊，这是一位文艺巨星和一位伟大诗圣"历史的相遇"，然而，无可奈何花落去，当时只道是寻常！所以，杜甫瞬间就"破防"了。

这个时候，大唐王朝怎么样？遭受八年"安史之乱"，已从繁荣之巅急速下滑；杜甫又怎么样？辗转漂泊，晚境凄凉；李龟年又怎么样？卖唱他乡，身心困顿。"正是江南好风景"，江南虽然秀丽，但杜甫面对的竟是故人憔悴和满目落花。杜甫和李龟年双双从盛世走过，然而似乎一

唐玄宗画像

职贡图卷(局部)
唐·阎立德
绢本、设色

个转身，就沦落到社会的底层。国事凋零，世态炎凉，人情聚散，岁月沧桑，真是梦境般的回忆，恍若隔世。

我觉得，杜甫这首诗最大的成功之处就在于：举重若轻。我们知道，杜甫晚年的诗歌造诣已经炉火纯青，诗人没写他最地道的律诗，而是写了这样一首短小的七绝，然而要论艺术效果，这首诗体量虽小，容量却大，语浅而情深，四两拨千斤。如果我们了解杜甫和李龟年的年少过往，了解杜甫和李龟年的人生跌宕，了解整个大唐王朝的历史兴衰，那么，这首看似不起眼的小诗，杜甫如话家常，欲说还休，他什么都没说，懂的人却都懂。你品，你细品，真是忧从中来，不可断绝。

那杜甫为啥如此感伤？

【编者语】

在最有探索欲和好奇心的少年时期，杜甫迎头撞上了冉冉上升的时代，眼中所见的盛世，心中所感的盛世，让他深深印刻在记忆中，一生难忘。开元少年杜甫是时代的见证者，也为生在这个时代而自豪。作为盛唐的同龄人，杜甫对开元年间的观察和体验是怎样的？他笔下的开元盛世又是怎样一幅景象？

03

十二这个数字,和咱们中国古人的关系可是相当近。比方说,十二地支、十二时辰、十二生肖。记得小时候,奶奶在我身边一说起十二生肖,背得滚瓜烂熟:子鼠丑牛,寅虎卯兔,辰龙巳蛇,午马未羊,申猴酉鸡,戌狗亥猪。那大家知道杜甫属啥的吗?杜甫属鼠的。杜甫生于公元712年,这一年是鼠年。接下来最优先级的问题,公元712年是一个怎样的年份?一言以蔽之,这是一个非常不寻常的年份。

大唐开国之后,从宏观来讲,一个新生的王朝阔步向前,蒸蒸日上。到了公元712年8月,李隆基继承大统,就是历史上鼎鼎大名的唐玄宗。这个时候的李隆基,春秋正盛,志得意满。李隆基登基第二年,改年号为开元,从此,一个流光溢彩的时代震撼启航,长达29年的"开元盛世"如约而至。[1]那咱们算算,杜甫就出生在开元盛世的前一年。杜甫是和大唐盛世一起成长起来的。那杜甫的盛世观感是啥?盛世体验又是啥?杜甫晚年,以诗的形式给我们描绘了当时的一派升平。这首诗满满的怀旧感,题目叫《忆

---

[1] 713年十二月初一,改年号为开元,《资治通鉴·卷二百一十》;开元盛世,即713—741年。

昔》，我们来看其中几句：

> 忆昔开元全盛日，小邑犹藏万家室。
> 稻米流脂粟米白，公私仓廪俱丰实。
> 九州道路无豺虎，远行不劳吉日出。
> 齐纨鲁缟车班班，男耕女桑不相失。
> 宫中圣人奏云门，天下朋友皆胶漆。
> 百余年间未灾变，叔孙礼乐萧何律。

在这首诗里，杜甫从多个指标来表明，开元年间实实在在对得住"盛世"这个称号：

指标A：人口。"忆昔开元全盛日，小邑犹藏万家室"。意思是说，到了开元时期，天下承平日久，人丁兴旺，一个小小的城镇都能拥有上万户人家。单单这么说，恐怕大家还是找不着感觉，一个小城镇是这样，那首都呢？当时长安的常住人口大于一百万。那全国呢？"安史之乱"前夕，总人口5200多万。[1] 那全世界呢？当时全世界人口才两亿左右，[2] 算一算，唐朝人口占比四分之一。人多就意味着强盛吗？在古代谈人口，和在当代谈人口，这个话题本

---

[1] 754年，户部奏报，全国五千二百八十八万零四百八十八人。《资治通鉴·卷二百一十七》。
[2] 数字来源，央视纪录片《中国通史》文字稿。

身就不可同日而语。农业大国,农业为本,人口的多与寡,直接关系到生产力水平的高与低,直接关系到综合国力的强与弱。这是个显性因素,某种程度也是个决定性因素。要问衡量盛世的第一把标尺是啥?肯定是经济繁荣。那咱们再往下看。

指标B:农业。"稻米流脂粟米白,公私仓廪俱丰实"。意思是说,农业取得了大丰收,粮食储备相当可观。大家注意,这里的公私仓廪,不是说公家的仓库装得满满当当,老百姓饥肠辘辘,而是"俱丰实",物阜民丰。蜀地、关中、黄河中下游等主要产粮区,粮食产量多到难以想象的地步。

指标C:商业和手工业。"齐纨鲁缟车班班,男耕女桑不相失"。意思是说,齐地的纨,鲁地的缟,贸易流通,非常活跃,到处是商贾车辆,络绎不绝。那咱老百姓,最怕的是啥?当然是怕冻着,怕饿着。身上有衣,口中有食,就是好日子。有道是,"一男不耕,有受其饥;一女不桑,有受其寒",[1] 在当时,"男耕女桑不相失",男的播种、耕耘,女的采桑、织布,自己守自己的岗,自己干自己的活,各安其业,各得其所。

指标D:治安。"九州道路无豺虎,远行不劳吉日出"。当时社会秩序一片大好,普天之下没有寇盗横行,所以,

---

[1] 见东汉赵晔《吴越春秋》。

不必煞费苦心，随时可以出个远门。

指标E：国情民意。"宫中圣人奏云门，天下朋友皆胶漆"[1]。大国泱泱，礼仪之邦，宫中天子奏响祭祀天地的《云门》之乐，一派祥和。九州一统，四海一家，人们友善、融洽，有向心力，有凝聚力。

指标F：社会气象。"百余年间未灾变，叔孙礼乐萧何律"[2]。"百余年间未灾变"，这句不用翻译，差不多一个世纪的时间段，都没有发生过较大的灾祸。"叔孙礼乐萧何律"，叔孙礼乐，说的是秦博士叔孙通，他在归汉之后，曾经为汉高祖刘邦制礼作乐；萧何律，说的是刘邦那个"大管家"——丞相萧何，制订了汉律九章。[3] 大家是不是糊涂了，这也不是开元时期的事儿啊！我要告诉大家，诗歌创作有个非常默契的"集体公约"，不仅杜甫，唐代诗人"以汉喻唐"，司空见惯。为啥呢？因为，汉、唐两大盛世，犹如双峰并峙，盛唐气象与大汉雄风，具有内在相通之处。所以，诗人们无论讽刺鞭挞，无论赞美讴歌，他们经常拿汉朝的"史"来说唐朝的"事"。自古以来，仓廪实而知

---

[1] 见唐代杜甫《忆昔》节选。

[2] 见唐代杜甫《忆昔》节选。

[3] 叔孙礼乐，见《史记·刘敬叔孙通列传》；萧律，见《汉书》卷二十三《刑法志》："高祖初入关，约法三章……于是相国萧何攈摭秦法，取其宜于时者，作律九章。"

礼节，衣食足则知荣辱，通过"叔孙礼乐萧何律"的典故，杜甫意在说明，开元时期国家昌盛，政治清明。

那有人就怀疑了，以上这六个指标，六个满分，这是诗人给历史进行了P图，进行了"美颜"吧。那杜甫笔下的开元盛世，到底是哈哈镜还是原相机？

04

要问杜甫这首《忆昔》对历史的反映变没变形，走没走样？我认为，对它的解读应该包括三个角度：

第一，纪实角度。这几句诗，堪称"微缩版"的开元盛世，这不单单是杜甫诗歌化的总结，它和史料的某些记载是能相互印证的，杜甫写"稻米流脂粟米白，公私仓廪俱丰实"，史书怎么写？到了天宝八载，"是时州县殷富，仓库积粟帛，动以万计"[1]。这是何等富足，而且开元时期的米价超低超便宜：开元十三年，洛阳米价仅为十钱一斗；到天宝五年，已经降至五钱一斗。[2]还有，杜甫写"九州道路无豺虎，远行不劳吉日出"，史书怎么写？当时"海

---
[1] 北宋司马光等《资治通鉴·卷二百一十六》。
[2] 数字来源，央视纪录片《中国通史》文字稿。

内富安，行者虽万里不持寸兵"，[1] 意思是说，四海之内既富庶又安宁，万里之行都无须携带任何防身武器，这是远行之人心理上和旅途上双重的安全感。杜甫以诗写史，如实反映了当时的国强民富，盗息人安。

第二，象征角度。杜甫诗中写"百余年间未灾变"，如果我们查阅史料，仅在开元时期，就有过地震，发过洪水，几次黄河泛滥，[2] 更不用说，一百多年这样一个时间跨度。那杜甫为啥说"百余年间未灾变"呢？古人相信天人感应，认为天能干预人事，人能感应上天。如果天子违背天意，就会出现灾异。打个比方，天子表现不佳，就给亮出一个"黄牌"，具有警示的作用；反过来呢，天子业绩突出，就会天降祥瑞，好像颁个"奖状"，以资鼓励。所以，杜甫一句"百余年间未灾变"，无外乎是想说明，开元年间风调雨顺，政通人和。所以，我们不能把盛世简单化，也不能绝对化。

第三，对比角度。这首诗的题目是《忆昔》，很明显，包含追忆之思，其实也是讽今之作。上述这一大段过后，诗人的笔锋急转直下，由盛之极转向衰之极，诗人的目的在哪？不是为了回忆而回忆，而是为了鼓舞后世之君，恢

---

[1] 见北宋司马光等《资治通鉴·卷二百一十四》。
[2] 见北宋司马光等《资治通鉴·卷211—214》。

复中兴之业，再现昔日辉煌。

所以，我们回到杜甫和李龟年的身上，为什么我们读出了《江南逢李龟年》背后的沉重、背后的感伤？因为杜甫和李龟年相识的时候，正是开元盛世。而杜甫写这首诗的时候已经过去了几十年，盛世不再，杜甫和李龟年也已经是白发老翁，青春不再，他们的经历就如同从云端跌落谷底，这不单单是两个人的命运转折，同时也是大唐国运的转折。我们说，没有比较怎么能有总结，没有落差怎么能有感慨？

我经常想，盛世真是一个值得激动的词，一个值得追忆的词，甚至是一个值得炫耀的词。要说起中国古代有名的治世，可以下拉一个菜单，其中最夺人眼目的时段，莫过于开元盛世。这是一个花团锦簇的时代，这是一个云蒸霞蔚的时代，这是一个扬眉吐气的时代。所以，在这样的鼎盛流年，任何一个大唐子民，想不进取都难，想不骄傲都难。

那杜甫骄傲吗？他是这么说的："脱略小时辈，结交皆老苍。饮酣视八极，俗物多茫茫。"[1] 意思是，当时和杜甫不相上下的同龄同辈，杜甫很难和他们打成一片，甚至不理不睬，根本就热络不起来。杜甫看得上的、瞧得起的、

---

[1] 见唐代杜甫《壮游》。

交得来的是哪些人？"结交皆老苍"，尽是饱学宿儒、忘年老苍。这是杜甫给自己设定的坐标。没错，杜甫年少就跻身名流，我们刚才说过的李邕、王翰、李范、崔涤、李龟年，他们都是忘年之交。少年的杜甫，堪称一个"早熟的天才"，天资聪慧，又下狠功夫，在洛阳文人圈小有名气，这让他非常自信，他专门喜欢和那些年龄大的"大腕儿"交往。杜甫觉得凭他的层次，本就应该和这些人发生链接。

"饮酣视八极，俗物多茫茫"，别以为就李白喝酒，杜甫这酒也没少喝，当他饮酒方酣，俯视整个天地宇宙，直感觉那么多的庸俗之辈，俗不可耐，杜甫根本不把他们放在眼里。杜甫藐视流俗，豪气干云，这是一副什么派头？"出乎其类，拔乎其萃"，大有一副曲高和寡、圣贤寂寞的派头。

这是不是颠覆了大家对杜甫的刻板认识？别以为就李白骄傲，杜甫同样骄傲，杜甫骄傲起来，并不输给李白几分。要问原因在哪？我觉得，除去个人的原因，由于杜甫身处盛世，开启了人生的上半场。正是一代盛世繁荣，滋养了杜甫的蓬勃能量。骄傲的杜甫，仿佛徒手都能劈开满天星光。所以，任何一个生命个体，你有多么强大，不单单取决于你自身，还要看你所处时代是什么色彩，这是一面最巨大的"背景墙"。

"往昔十四五,出游翰墨场。斯文崔魏徒,以我似班扬。"

"脱略小时辈,结交皆老苍。饮酣视八极,俗物多茫茫。"

用现在的标准衡量,童年的杜甫是个有模有样的宝藏男孩;少年的杜甫是个不折不扣的超级学霸。杜甫的每一天都是元气满满,多项技能,被他成功解锁:杜甫的字,杜甫的诗,杜甫的赋,面面俱到,处处开花。杜甫朋友圈的人,都是一众大咖。一个闪闪发光的少年,行走在一个闪闪发光的时代。那青春期的杜甫,又会带给我们怎样的惊喜?

肆

漫游吴越

他有着不凡的家世,青葱岁月的漫游,触发了他对历史、对先贤、对世情的独特审视和观望。人在他乡,为期四年的品味与流连,将带给杜甫什么样的生命体验与精神给养?

【文前按语】

在唐代,有这样一种群体现象,就是诗人们非常喜欢漫游,其共同的特质,就是身上充满着寻求自由和上下求索的精神。究竟是什么促成了他们漫游的底气与激情?从青年的游历,到中年的碰壁,再到老年的流浪,杜甫不到一个甲子的生命周期,充满了人间崎岖。然而,杜甫的人生起点,却是另外一番样貌。他有着不凡的家世,青葱岁月的漫游,触发了他对历史、对先贤、对世情的独特审视和观望。人在他乡,为期四年的品味与流连,将带给杜甫什么样的生命体验与精神给养?

01

世界那么大，谁都想看看。那提到唐代诗人的漫游，大家第一时间会想到谁？百分百是李白，因为漫游，似乎成了李白的专属话题，李白自己说，"五岳寻仙不辞远，一生好入名山游"[1]。没错，李白这辈子不是在漫游，就是在漫游的路上。也正因为漫游这个事儿，李白经常遭到"拍砖"，有人说，李白不光是大唐的"背包客"，简直是大唐的"古惑仔"，你看他东飘西飘南飘北飘，到处飘，基本没干过啥正经事儿。那为啥"拍砖"拍不到杜甫身上呢？

说杜甫，咱们常用的词儿不是漫游，而是漂泊。漂泊，好累好沉重；漫游，多爽多减压。这里的问题是，漫游真的是李白的专利吗？漫游真的和杜甫那么绝缘吗？其实，无论"老杜"还是"小杜"那会儿，他的肉体和灵魂也一直在路上。杜甫大南方大北方，一共玩了八九年。大家想想，八九年可不短呐，如果放在今天，本硕连读毕业了，博二都差不多了吧。

从杜甫这辈子来看，漫游的那段时光，是杜甫一生再也无法复制的一段大美时光，再也无法删除的一段难忘回忆，脚步无问西东，岁月自成芳华。

---

[1] 见唐代李白《庐山谣寄卢侍御虚舟》。

那咱们就要问问,为啥漫游在唐朝变得那么"时髦"呢?在这儿,给大伙澄清一个误区,虽然李白洒脱不羁的"人设"跑不掉,但李白漫游真的不是"非主流"。初唐、盛唐一大批诗人,他们在漫游这块儿,都非常具有参与感。这种参与感,不是简单地放飞自我,也不是盲目地集体狂欢,它是一种现象级的盛世写照。漫游之风的形成和三个方面密不可分:

第一,它和大唐时期前所未有的安定富庶密不可分;

第二,它和大唐时期四通八达的水陆交通密不可分;

第三,它和大唐时期昂扬奋进的时代精神密不可分。

所以,不光李白漫游,不光杜甫漫游,很多文人墨客,有名的,没名的,一把剑,一囊书,足下沟壑,怀里文章,山程水驿,乐此不疲。比方说,王维、李颀、高适、岑参、崔颢、常建、宋之问、孟浩然,等等,他们都有过飒爽英姿的万里之行,每个人差不多都能写作一部漫游史。

那杜甫首次漫游,他去了哪?杜甫第一次出门远行,始发站——洛阳,终点站——郇瑕。这次漫游,咱们姑且把它称为郇瑕之游。郇瑕[1],一听这名就觉得又古又老,对不对?这个地名真的很古老,[2]它是哪儿呢?这个地名

---

[1] "郇瑕"周朝国名,在今山西临猗西。"郇"读音"xun"二声。
[2]《左传·成公六年》:"晋人谋去故绛,诸大夫皆曰:'必居郇、瑕氏之地。'"杨伯峻注:"郇在解池西北,瑕在解池南。此云'居郇、瑕之地',盖择其一部也。"后世并称。

咱不熟，这有个人名咱们很熟啊，还记得中学时候，老师要求全文背诵的课文吧："然陈涉瓮牖绳枢之子，氓隶之人，而迁徙之徒也；才能不及中人，非有仲尼、墨翟之贤，陶朱、猗顿之富"，[1]作者为了说明当年的陈涉多么"草根"，于是拉来一众人等进行比较，那要说陈涉平庸，就得说别人出色；要说陈涉穷苦，就得说别人豪奢，所以，两个大富翁被作者强势点名：陶朱、猗顿。猗顿，早在战国时期就活成了一部不可思议的商业传奇，富甲天下。杜甫去的郇瑕，就是当年猗顿白手起家的地方，今天的山西临猗一带。

这回郇瑕之游，是杜甫平生第一次离开老家河南，他的收获是啥呢？如果数一数，让杜甫又开心又暖心的事儿，就是杜甫前后不到一年，交了两个好朋友：一个姓韦，叫韦之晋，一个姓寇，叫寇锡。他们俩是杜甫一生当中结识最早的知己。后来，杜甫写诗回忆过，大家看："悽怆郇瑕邑，差池弱冠年"[2]，"往别郇瑕地，于今四十年"[3]。这四句诗中，包含三个关键信息：第一，"郇瑕邑"，"郇瑕地"，这个地名非常醒目；第二，"弱冠年"。弱冠年

---

[1] 贾谊《过秦论》。于非等，《中国古代文学教程作品选》，北京：高等教育出版社2010年版，第234页。
[2] 见唐代杜甫《哭韦大夫之晋》。
[3] 见唐代杜甫《奉酬寇十侍御锡见寄四韵，复寄寇》。

是多大？中国古代，女子及笄，男子加冠。及笄之年是十五岁，表示女孩到了出嫁的年龄，加冠之年是二十岁，表示男孩已经成年，但这个时候体格尚弱，故称"弱冠之年"，那杜甫说"差池弱冠年"，也就是大约二十岁。没错，那一年杜甫十九岁，这和当时出游的年龄完全相符；第三，"四十年"。这两首诗不是杜甫当时写的，杜甫对他和两个朋友的交往时长，进行了补叙，多少年呢？四十年！对，四十年！杜甫没写错，我也没说错，您也没听错！大家想想看，在今天，动车快、飞机快、网速更快，可是"朋友满天下，知心有几人"？杜甫和韦之晋、寇锡，他们年少邂逅，从此，朋友一生一起走，友谊足足保鲜了四十年，是不是想一想都令人泪目？

总的来说，郇瑕之游，范围不大，时间不长，对于杜甫而言，相当于漫游的一次"热身"，一次练习，在地理版图上还属于中国的北部。接下来，杜甫从二十岁开始，历时四年，漫游了繁花丽水的江南，我们把这次漫游称作"吴越之游"。

那吴越之地，到底是个什么"神仙"地方？

02

吴越,这是个合称,看到吴越这两个字,大家会想到哪两个人?吴王阖闾,越王勾践,没错,这是两个"狠角色",二虎相争,威震东南,双双列入春秋五霸。吴越的范围呢,就是指吴国、越国的故地,也就是今天的江浙一带。

那大家想,杜甫是从中原过去的,看来这趟走得真够远的!这要说起来,还得感谢杜甫所处的时代。要说初唐、盛唐的诗人个个"读万卷书",咱不敢打包票,但"行万里路"真不是大问题。我为啥要强调初唐、盛唐呢?从历史来看,漫游,尤其是全国性漫游,隋唐之前的诗人们,别说没做过,想都没想过。为啥呢?隋唐之前是哪个朝代?是南北朝。南北朝,顾名思义,一国分南北,那是分裂的朝代。所以,南朝的诗人很难看到北方的孤烟大漠、古道西风,北朝的诗人同样很难看到南方的三秋桂子、映日荷花。只有到了初唐、盛唐,天下一统,漫游才引爆了很多人心里的"小宇宙","诗和远方"成了人们最狂热的向往。

在唐朝,诗人们漫游的地域非常广,燕赵、巴蜀、京洛、齐鲁、吴越、荆楚,还有通都大邑,塞外边关。所以,杜甫漫游的吴越,当年也是非常"火"的地方。据统计,唐代共有300多位诗人"到此一游"[1]。

那吴越为啥吸引力那么大呢？虽然吴、越这两个诸侯国，在唐朝早就"下线"了，但是，由于吴越共处长江下游的太湖流域，他俩是"邻居"，比邻而居怎么样？领土相接、资源相类、语言相近、风俗相似。后来，就逐渐发展成一个特殊的地理空间。这块儿，不管自然景观还是人文景观都相当不错，山多、水多、古刹多、道观多，这是不管怎么拍摄都出片的梦幻之城。杜甫这次漫游吴越，和咱们现在的年轻朋友一样，心中有梦，眼中有光，看啥都新鲜。

不过，我说出来大家别失望，杜甫漫游吴越，只有这一次，李白呢，人家是"大唐第一旅游博主"，吴越漫游四五次呢。杜甫去过的地方，李白十之八九都去过。吴越在李白的笔下，明月啊、清风啊、渌水啊、采莲啊、荡舟啊、嬉戏啊，既是风景画，又是风俗画。杜甫呢，杜甫压根就没怎么写诗，杜甫到了晚年，才进行了自传式回忆，他把这一时期的漫游打包放在了一首长诗里，题目起得不错，叫作《壮游》。

李白、杜甫漫游吴越，如果做一下比较的话，李白爱江山，杜甫重人文。所以，杜甫的诗里叙事大于抒情。那

---

[1] 322位。参见尚永亮《诗映大唐春》，北京：北京大学出版社2017年版。

杜甫都去哪些地方"打卡"了呢？咱们挑几个聊聊。

杜甫漫游的第一个大站——江宁。江宁就是今天的南京。杜甫这次江宁之行，有一件事儿，令他大开眼界、大饱眼福，杜甫看见啥了呢？杜甫看见一幅画，维摩诘壁画。这个壁画嘛，不用解释，大家"秒懂"。维摩诘，啥意思？维摩诘是非常著名的一个居士。维摩诘壁画，它的出品人是顾恺之。顾恺之，这是稳稳居于六朝画坛一线的画家，既叫好又叫座，好到什么程度？顾恺之被同时代人称作"有苍生以来未之有也。"[1]大家想想吧，这句评语，是不是"一竿子打翻一船人"，把顾恺之前面所有的艺术前辈都伤害、都得罪了。

那杜甫，为啥对维摩诘壁画心向往之？因为，有一个关于维摩诘壁画的段子曾经风传。说有一年，修建瓦官寺，于是僧侣们开始"拉赞助"。在当时，官员士大夫捐募善款，"封顶"是十万钱，顾恺之呢，顾恺之在功德簿上大笔一挥，打破了这个上限，他要捐一百万钱。顾恺之也不是什么"大款"哪，这一百万可咋变现呢？接下来，顾恺之让人给他腾出一面墙壁，然后顾恺之在这儿闭关一个月，精心绘制了一幅维摩诘画像。躯体面貌全画完了，但顾恺之就是不画眼睛。为啥呢？因为，顾恺之不仅是创作高手，

---

[1] 谢安的评语。参见唐代房玄龄等《晋书》。

也是理论大师,他提出一个独到的观点,也是中国古代美术史中一个著名的美学命题,叫作"传神论"。啥意思呢?

顾恺之认为:人物画,四体画得怎么样,美点丑点,好看不好看,和这幅画的整体妙处关系不大,传神写照,眼睛最关键。所以,这次顾恺之紧紧抓住给维摩诘像画眼睛这个时间当口,开始对外开放。那顾恺之丹青妙笔,世人皆知,四方僧众为了目睹这一"点睛之笔",趋之若鹜,短短几天,施舍百万。维摩诘壁画震撼问世,这是顾恺之在东晋文化圈的首次亮相,一炮走红。[1]

维摩诘壁画的传闻在唐代话题度非常高,众多文人士子慕名到访。杜甫这趟来了,高低得看看,换作咱们,咱们也不能错过。当时,杜甫的兴奋值瞬间"满格",在壁画面前流连忘返,[2]说成目眩神迷都毫不过分。杜甫后来诗中提起过,他说:"虎头金粟影,神妙独难忘。"[3]虎头是顾恺之的小字,顾恺之顾虎头;金粟影,维摩居士的前身为"金粟如来",金粟影就是指维摩诘壁画。尽管近些年有学者考证,认为唐人看到的维摩诘壁画可能是赝品,是别人的画署上了顾恺之的名。虽然这些结论听起来

---

[1] 见南朝宋昙宗《京师寺记》。
[2] 杜甫这次游览瓦官寺,与他同游的,就是新结识的朋友许登。
[3] 见唐代杜甫《送许八拾遗归江宁觐省,甫昔时尝客游此县,于许生处乞瓦棺寺维摩图样,志诸篇末》节选。

大煞风景,不过,精光照人的维摩诘壁画,让年轻的杜甫叹为观止。

在江宁,杜甫还结识了一位僧人[1],这个僧人和杜甫挺合得来,他俩划船啊,论诗啊,下棋啊……何等的赏心乐事。

杜甫从南京继续漫游,顺江东下,下一站,去哪呢?

03

杜甫漫游的第二个大站——姑苏。姑苏,大家听着耳熟吧,"姑苏城外寒山寺",[2]姑苏就是今天的江苏苏州。苏州,也曾经是个都城,是春秋时期吴国后期的都城,这里上演过太多的历史"真人秀"。那杜甫都去哪了呢?苏州几个地标性的景点,杜甫全去了。比方说,虎丘、剑池、阊门、长洲苑、阖闾墓、泰伯庙、姑苏台。杜甫在这儿逛了好多地方,咱们只说一个,只说泰伯庙。

为啥只说泰伯庙呢?因为杜甫告诉我们:"每趋吴太伯,抚事泪浪浪"[3],每次拜谒泰伯庙,杜甫都热泪盈眶。

---

[1] "僧人"是指旻上人。
[2] 见唐代张继《枫桥夜泊》。
[3] 见唐代杜甫《壮游》节选。

这辈子 杜甫 一览众山小

《洛神赋图》卷(局部)
东晋·顾恺之
宋摹

维摩诘像　>>>
莫高窟第 103 窟东壁

泰伯是谁？为啥要给他建庙？简单地说，太伯被后世奉为吴文化的鼻祖。吴国作为春秋中后期历史舞台上一大强国，如果追溯它的起源，可以一直追到泰伯身上。历史上有个故事，叫"泰伯奔吴"。泰伯为啥要奔吴呢？根据相关史书记载，泰伯是周太王的儿子，周太王是周人部落的首领。周太王不光泰伯这一个儿子，他有三个儿子，大家猜猜，泰伯应该是老几？古人兄弟排行的次序是：伯仲叔季，泰伯当然是老大，话说这个泰伯非常了不起，身为长，又有德，不出意外的话，泰伯就是王位接班人的不二人选。可是说着说着，意外就出现了，周太王想把君位传给老三。不传长而传幼，周太王这么"不按规矩出牌"，原因在哪呢？因为老三有个儿子，也就是周太王的孙子[1]，这小孩儿，自幼不凡，聪明早慧，妥妥的"帝王范儿"。所以，周太王走了一步远棋，他打算把君位传给老三，老三再传给他这个小孙子。

顺便剧透一下，要说周太王的眼力，真是绝了，一个匣中有玉，一个慧眼识珠，深受周太王宠爱的小孙子，就是后来赫赫有名的周文王。周文王最终使"天下三分，其二归周"，这是后话。回过头来说泰伯，泰伯和弟弟呢，看透老父亲的心事，兄弟俩深明大义，不远千里前往江南。

---

[1] "周太王的孙子"名姬昌，就是后来赫赫有名的周文王。

他们刚到这儿的时候，这里还是蛮荒之地，"刀耕火种"，当地人有个鲜明的族群标志，就是"断发文身"。泰伯呢，入其乡随其俗，也把头发剪短，也把身体刺上花纹，以这种决绝的态度，表示自己不再觊觎王位。接下来，泰伯带领民众大力开发江南，使原本落后的地区一步步走向文明。泰伯的大义之举受到当地土著的拥戴，后来，以太湖流域为核心建立了吴国，泰伯也就成了吴国的开国之君。这就是"泰伯奔吴"的基本面貌。[1]

至于这种说法是不是一种"假说"，我们不作辨析。我们只想探讨的是，杜甫应该不只去过一次太伯庙，要不然诗人不会说"每趋吴太伯"。那咱们都知道，多愁善感的古代诗人，有个最大的心理习惯或者叫书写习惯，要么"借他人酒杯，浇自己块垒"；要么在别人的故事里，掉自己的眼泪。杜甫为啥会被吴太伯感动到落泪呢？

有学者做出过冒险推测，说太伯让贤的事儿，后来也发生在杜甫身上。按照唐代的官制以及门荫制度，杜甫的老爸不是当官吗，在杜甫兄弟们当中，可以有一个凭借荫补，入仕为官。这又涉及一个排序问题，按理说，杜甫是老大（兄长早夭），这个资格顺理成章落在杜甫身上，但是，杜甫发扬了当年太伯的风格，把这个限量版的名额让

---

[1] 西汉司马迁《史记·吴太伯世家》。老大太伯（又作泰伯），老二仲雍，老三季历。

给了同父异母的弟弟[1]，就是说，杜甫对弟弟的感情，就是当年太伯对弟弟的感情。

我个人觉得，如果这个结论经得起推敲，这确实是一种非常现实的考量。不过，我们再换一个角度，从文化角度推理，是不是也能找到一个答案？

大家想，儒家讲"孝悌"，重"礼让"，泰伯主动让贤，就连孔子都感慨地说："泰伯，其可谓至德也已矣。"[2] 孔子认为，泰伯让贤，已经是德行的顶峰。"至德"，这是孔子给泰伯的定位，"至德"，足以楷模后世，德泽千古。另外，在《史记》当中，有十表八书十二本纪三十世家七十列传。在三十世家当中，司马迁把《吴太伯世家》排在了首位。这又向我们透露出什么信息？其实暗含了司马迁对太伯的最高褒奖。司马迁赋予"太伯让贤"特殊的文化意义。所以，深受儒家思想哺育的杜甫，对泰伯的高风亮节，他又怎能不心有戚戚，"每趋吴太伯，抚事泪浪浪"。

---

[1] "杜甫同父异母的弟弟"指杜颖，这个论点是洪业先生提出来的。转引自孙微、张学芬《杜甫评传》，成都：天地出版社，2020年版，第47页。
[2] 春秋战国《论语·泰伯》："泰伯，其可谓至德也已矣。"

04

"每趋吴太伯,抚事泪浪浪"。在这本书中,咱们第一次讲到杜甫哭了。我想告诉大家,杜甫不仅年轻时候哭了,杜甫一直哭,杜甫哭了一辈子。如果大家把李杜的诗放在一起对比着读,就会看出一个规律:李白诗中的笑,又出彩又高频;杜甫诗中的哭,也出彩也高频。比方说,"我本楚狂人,凤歌笑孔丘",这是李白苦涩的笑;"仰天大笑出门去,我辈岂是蓬蒿人",这是李白得意的笑;"胡姬貌如花,当垆笑春风",这是美女热情的笑;"眉语两自笑,忽然随风飘",这是仙人自由的笑;"笑尽一杯酒,杀人都市中",这是侠客豪爽的笑;"山花向我笑,正好衔杯时",这是花草拟人的笑。看看吧,真是无处不可笑,万物皆可笑,没有谁能抵抗李白如此丰富多彩的笑。

同样,杜甫诗里有各种各样的哭。比方说,杜甫小声哭,"少陵野老吞声哭";杜甫大声哭,"天边老人归未得,日暮东临大江哭";杜甫痛快地哭,"剑外忽传收蓟北,初闻涕泪满衣裳";杜甫伏在栏杆上哭,"戎马关山北,凭轩涕泗流";杜甫写别人哭,"牵衣顿足拦道哭,哭声直上干云霄";杜甫写死人哭,"新鬼烦冤旧鬼哭";杜甫写亲人朋友哭,"亲朋尽一哭,鞍马去孤城";杜甫写大家都在哭，"野哭千家闻战伐"……和李白相比，杜甫是笑不起来的，他甚至把眼泪都哭干了。当然，杜甫也笑，但是杜甫的笑，远远赶不上他的哭，哭得那么动人；李白也哭，但是李白的哭，远远赶不上他的笑，笑得那么有水平。

李白笑点特别低，杜甫泪点特别低，从中我们发现了什么？李白和杜甫的生命体验不同，他们的情感特质不同，他们看待万事万物的态度也不同。他俩都有治国安邦的大志向，但李白打年轻时候开始，就敢和世界叫板，李白看啥不顺眼，就给它一个谜之微笑，或者一个超大的白眼，一个不够，再加一个；杜甫永远在共情，杜甫的文字带着他的慈悲，带着他的热血，带着他的体温。所以后来，杜甫踩在大地，成为圣，李白站在云端，成为仙。

说出来大家可能不信，杜甫去了南京不算，去了苏州不算，杜甫还想去扶桑国！扶桑国是哪儿，一听这名，是不是还自带文艺气质？扶桑以国名出现，最早见于《梁书》[1]，至于这个扶桑国到底在哪，曾经引发一桩学术公案，最激烈的观点分为两派，一派认为扶桑国在西半球，具体是指北美洲的墨西哥，一派认为扶桑国在东半球，具体是指东亚的日本。

---

[1] 见唐代姚察、姚思廉《梁书》卷五十四："扶桑国者，齐永元元年，其国有沙门慧深来至荆州，说云：'扶桑在大汉国东二万余里，地在中国之东，其土多扶桑木，故以为名。'"

我认为，杜甫想去的扶桑国，肯定是日本。为啥是日本？杜甫又为啥对日本心向往之？主要原因有以下两点：

第一，对于杜甫来说，日本是个神秘的国度。从历史来看，不但很多诗人没踏上日本的土地，就连唐玄宗本人都没去过。要问扶桑国给唐人怎样的联想？说到"扶桑"，咱们需要普及一下知识点。"扶桑"这个词儿，最早出现在战国屈原的《离骚》中，这里的扶桑还只是神话中的一个树名，是一种东方神木。[1] 在《山海经》中，[2] 扶桑是太阳洗浴的地方，是古人祭祀太阳神的地方。到了汉代，[3] "扶桑"是太阳升起的地方，而且仿佛是一个东方仙境，与蓬莱有些类似。所以，太阳东升西落，在中国古代的文化语境里，被描绘成"日出扶桑"、"日落崦嵫"。由于日本地处中国之东，所以被称为日出之国。在唐人的想象里，扶桑国是个茫茫大海中的岛国，杳渺而空灵，它美妙绝伦，遥不可及，充满海市蜃楼的色彩和扑朔迷离的意味。

第二，当时杜甫漫游的苏州，靠近海边，当时的航线可以远通日本。在盛唐那会儿，大唐帝国国门大开，海纳百川，国威远播。日本的"遣唐使"们，源源不断地"组

---

[1] 见先秦屈原《离骚》："饮余马于咸池兮，总余辔乎扶桑。"
[2] 见战国《山海经·海外东经》："汤谷上有扶桑，十日所浴。"
[3] 见汉代东方朔《海内十洲记》："扶桑在东海之东岸……扶桑在碧海之中……是以名为扶桑仙人。"

团"来到中国,不管千里万里千万里,一批一批再一批!他们来中国访问、学习蔚然成风,个别出类拔萃者,[1]后来竟然在唐朝为官,跻身大唐"国家公务员"队伍。现在,离日本越来越近了,二十来岁的杜甫,书生意气,豪情满怀,来一次杜甫东渡,来一次日本海外游,自然而然,变成杜甫远游攻略计划内的事儿。以上这些因素来个汇总,大伙说,杜甫怎能不艳羡,怎能不心动,怎能不着急!

杜甫一心想去日本转转。可是,不管啥原因,一个最浪漫的愿望泡汤了,这给杜甫留下太多的遗憾。杜甫诗中说:"东下姑苏台,已具浮海航。到今有遗恨,不得穷扶桑。"[2]说到这儿,我又想补充几句。杜甫做梦也想不到,他当年没去日本真的不要紧。现在日本汉学界的杜甫研究,可是非常非常"火",在人气榜单上,杜甫简直是永不过气的文化明星。

"每趋吴太伯,抚事泪浪浪"。杜甫在苏州哭了好几回,接下来,杜甫前往浙江一带,从吴转向越。

---

[1] 比如晁衡(698—770),即阿倍仲麻吕,入唐改名晁衡。开元年间科举进士。
[2] 见唐代杜甫《壮游》节选。

【编者语】

今天人们旅游,大都是短程,比较匆促,即便从容些,也不过十天半月,而杜甫的大唐东南沿岸游,也就是他的江南行,却是历时整整四年。苏州、杭州、越州、台州,名胜古迹,英雄与阴谋,雅致与风俗,抚今追昔,感慨万端。这应该是一次触及灵魂的深度漫游,在漫游中,杜甫的视野得到了开阔与拓宽。这样的经历为日后的封圣奠定了怎样的精神根基?四年后,是什么样的呼唤,让杜甫最终结束了这次漫长的游历,踏上了新的求索之路呢?

杜甫漫游第三个大站——绍兴。春秋时期越国的都城在哪啊?浙江绍兴,古时候叫做"会稽"。邂光临越国的地盘,杜甫有没有感慨呢?杜甫那么多烂熟于胸的典故,这次来到历史的现场,分分钟被激活了。杜甫诗中说,"枕戈忆勾践,渡浙想秦皇。"[1] "枕戈忆勾践",越王勾践,这是创造成语"卧薪尝胆"的人,在历史上,越王勾践既是成功的逆袭者,也是最硬核的复仇者。经过漫长的蛰伏

---

[1] 见唐代杜甫《壮游》节选。

与较量，勾践与夫差，出现了彻底的命运大翻盘，两国的国运惊天逆转，给大国争霸的春秋政坛，划过最后一道璀璨之光。秦始皇，这是无人不知的千古一帝呀。"渡浙想秦皇"，我猜，年轻的杜甫也有一种"英雄情结"吧。吴越的掌故传奇、风物形胜，令杜甫发思古之幽情，抒一己之感怀，当然也带有历史的兴亡之叹。

杜甫继续南行，越地的湖光美，山色美，女孩也美，杜甫诗里说："越女天下白，鉴湖五月凉。"[1]吴越的女孩肤白貌美，天下无双。仲夏的鉴湖，宜人清爽。从中我们可以看出，杜甫漫游，既有思接千载的豪情，又有活在当下的喜悦。李白不是也写过吗，他说："镜湖水如月，耶溪女如雪"，[2]"玉面耶溪女，青娥红粉妆"。[3]李白也夸吴越的女孩长得精致，长得水灵，这些女孩，白如雪、白似玉，满脸的胶原蛋白，真的不能再白了。李白、杜甫的艺术审美，仿佛在这里隔空相遇。不过，同样写吴越美女，公正地讲，绝对是李白胜出。比方说，李白写道："若耶溪边采莲女，笑隔荷花共人语。"[4]看看，美女又笑了吧？这个场景，生动活泼，明艳清雅，简直自然天成。

---

[1] 见唐代杜甫《壮游》节选。
[2] 见唐代李白《越女词》，有不同版本。
[3] 见唐代李白《浣纱石上女》。
[4] 见唐代李白《采莲曲》。

会稽山图 ∨∨∨

明·佚名

绢本

总的来讲，杜甫这次吴越之游，是一次"深度游"，这是唐人最高级的"玩法"。当年杜甫漫游的兴致勃勃，恋恋不舍，都变成日后的念念不忘。[1] 在杜甫的诗里，我们仿佛看见，年轻的杜甫或激动、或感伤、或欣喜、或沉思，无论是笑了爱了，还是醉了哭了，这些丰富的杜氏"表情包"，加上那些绝美"风景线"，通过蒙太奇一样的镜头组接起来，仿佛一部文艺风纪录片。

从杜甫这辈子来讲，漫游吴越，这是他人生履历非常灿烂的一笔。吴越一带，风月无边，人文荟萃。气质唯美的江宁，历史厚重的姑苏，风情万种的绍兴，杜甫徜徉其间，他的心灵是敞开的，他的感知是放大的。杜甫不仅开阔了视野，同时师法自然，助长文气，不知不觉中完成了一次生命的成长。

杜甫吴越漫游的"打卡清单"，咱们讲完了，那接下来咱们掰指头算算，这段旅程从公元 731 年开启，到公元 735 年，杜甫是不是也该返程了？我要告诉大家，杜甫走也得走，不走也得走。啥事这么重大，是杜甫大婚还是大考呢？

---

[1] 见唐代杜甫《卜居》："浣花流水水西头，主人为卜林塘幽。已知出郭少尘事，更有澄江销客愁。无数蜻蜓齐上下，一双鸂鶒对沉浮。东行万里堪乘兴，须向山阴上小舟。"

伍

齐鲁望岳

如果说吴越的四年漫游，拓展了他的视域，那么身在齐鲁，他需要的是攀高，那种「会当凌绝顶」正是他本色的豪气干云。

他仰望那个高度时，内心会驰骋怎样的情怀，泰山的嵯峨带给年轻杜甫怎样的心理暗示与无形的力量呢？

【文前按语】

说起杜甫,人们眼前幻化出的总是一副清瘦落魄的样貌。固然,杜甫有着"葵藿倾太阳,物性固难夺"的决绝,"不眠忧战伐,无力正乾坤"的博大,终身忧思,似乎从来没有年轻过。但历史真实的杜甫,却有着极为高调的青春。他傲岸,他有裘有马,他用放浪与清狂来鄙视人间的俗务。未来那个"诗圣",还在年少轻狂,未曾被生活所摔打,更未有过深层历练。如果说吴越的四年漫游,拓展了他的视域,那么身在齐鲁,他需要的是攀高,那种"会当凌绝顶"正是他本色的豪气干云。他仰望那个高度时,内心会驰骋怎样的情怀,泰山的嵯峨带给年轻杜甫怎样的心理暗示与无形的力量呢?

01

咱们来做一道连线题,左边的关键词是裘马清狂,右边的选项是唐代几个重量级大诗人。我想,大家眼速最快、手速最快,就是和李白连线,因为裘马清狂,最符合李白的气质,绝对正确;要是和杜甫连线呢,恐怕是知识硬伤,犯了常识性错误。因为,李白给我们的印象,"至死是少年",老杜,好像青春期从来没有来过。

其实,满脸愁容、眉头紧蹙、瘦削不堪的杜甫,这是"安史之乱"以后的杜甫。都说老杜老杜,杜甫并非生来就是老气横秋。"裘马清狂"这个词,就是杜甫写的。杜甫说,"放荡齐赵间,裘马颇清狂"[1]。啥意思啊?穿皮衣,跨骏马,当年孔门弟子公西赤就这样。裘马,装备一流,清狂,举止放任,这是杜甫吗?这就是杜甫!那杜甫放荡齐赵,裘马清狂是啥时候的事呢?上一讲咱们说了,杜甫漫游吴越,历时四年,玩的够可以吧,紧接着,杜甫漫游齐赵,可以看作漫游吴越的一个"续集"。

从杜甫这辈子来讲,漫游吴越也好,漫游齐赵也罢,都是杜甫生命中最华彩的一章,换句话说,那是杜甫最"燃"的青春。

---

[1] 见唐代杜甫《壮游》。

齐赵,就是今天的山东、河北一带。那杜甫为啥这次把漫游目标锁定在齐赵呢?杜甫的老爸杜闲不是当官么,这个时候杜闲担任兖州司马。兖州,就是今天的山东兖州,要说杜甫和他老爸,这么多年一直聚少离多,所以,杜甫这次去兖州省亲,于是开启了新一轮的齐赵之旅,那杜甫都去哪玩了呢?

在大美的四月天,杜甫在邯郸登临当年赵王兴建的丛台,引吭高歌。在萧瑟的冬季里,前往齐景公曾经畋猎的青丘,纵马游猎。无论飞鹰射鸟,无论逐兽高岗,杜甫都超级酷帅!和他一起的玩伴[1]也超级兴奋!我们说,年轻真好!何况杜甫人生的上半场,伴随的是威加海内的大唐盛世,就像一首歌词写的那样:红尘作伴,活得潇潇洒洒;策马奔腾,共享人世繁华。

那个时候的杜甫,不只是一个骑马挟弓、箭不虚发的射手,别忘了,杜甫还是一个文艺青年呐。从诗歌创作来讲,杜甫的诗歌,也正是从这一时期,才开始保留下来。那杜甫年轻时的成名作是啥呢?咱们都知道山东这个地方,一山一水一圣人,这是山东最响亮的口号。一山是哪座山?泰山。杜甫去的兖州,离泰山不远了,热血沸腾的杜甫,怎么能和泰山擦肩而过,又怎么能不写一首诗呢,这首诗,

---

[1] "玩伴"指苏源明。

大家都会背：

> 岱宗夫如何，齐鲁青未了。
> 造化钟神秀，阴阳割昏晓。
> 荡胸生层云，决眦入归鸟。
> 会当凌绝顶，一览众山小。

诗的题目叫《望岳》，岳的本义就是高山。中国有著名的"三山五岳"，如果"五岳"你都看过了，其他的山看不看也没啥意思了，所以有句话叫作"五岳归来不看山"。"五岳归来不看山"，这种观感，是不是很像"曾经沧海难为水"？

那在五岳当中再排排座次，"五岳"之首是哪座山啊？东岳泰山，号称"天下第一山"，也就是"岱宗"，大山之宗。所以，杜甫劈头一句"岱宗夫如何"，泰山怎么样呢？

记得我第一次看泰山的时候，我比当时的杜甫年龄大，但我仿佛以初恋般的热情投入了泰山的怀抱。杜甫也是第一次看泰山，我猜杜甫一定有小激动外加小冲动。要问泰山给杜甫带来了怎样的视觉冲击，带来了怎样的审美震撼？我觉得主要有两点：

第一是广远，第二是高大。

"广远"何以见得呢？"齐鲁青未了"。泰山之南为鲁，泰山之北为齐。泰山郁郁青青，山脉绵延，仿佛笼盖了整个齐鲁大地，一眼望去看不到边儿。

"高大"又何以见得呢？"造化钟神秀，阴阳割昏晓"。杜甫说，天地之间一座泰山，拔地而起，巍峨矗立，看来是大自然偏爱泰山哪，它对泰山情有独钟，把天地间最美的灵秀之气全给了泰山，钟灵毓秀。泰山实在太高了，太阳照到山的这一边，就照不到山的那一边，给人的感觉，就好像泰山把山南山北的阳光切断了。天色的一昏一晓，分割于泰山的一阴一阳，形成光影交互的两界，恰似两种不同的景观。

如果再近一点呢，杜甫又有感觉了。他说，山中的云气，层出不穷，心胸也为之荡漾，这叫"荡胸生层云"，还有那些泰山中飞去飞回的鸟，你必须拼命地把眼睛睁大，才能把这景象尽收眼底，这叫"决眦入归鸟"。

大家说，杜甫望岳都望了啥？远望山色，近望山势，细望山景。有苍翠无垠，有高山蔽日，有云雾缭绕，有飞鸟还巢。末了，杜甫要表态了，这是格言式的两句话："会当凌绝顶，一览众山小。"大家注意，杜甫始终在望岳，但是身在山下，心在山顶。杜甫不仅望泰山，还要登泰山，不但登泰山，还要小天下，杜甫不光写了泰山什么什么样的山形,什么什么样的山貌,还写了自己勇攀高峰的决心。

那这么说,杜甫的心情好到了极致?

02

要问杜甫是在哪种背景下创作《望岳》的,咱们上一讲讲了,杜甫漫游吴越,意犹未尽,他之所以必须返回老家,是因为收到家里的紧急通知。这个通知很重大,催促杜甫参加考试,乡贡考试。[1]乡贡考试是咋回事呢?

乡贡考试,这是中国古代科举考试的一个常用名词。中国古代的科举取士,如果从考生来源来说,一般有两个:一个是生徒,一个是乡贡。生徒指哪些人?指的是官学的学生,包括京师和各州、各县学馆出身的学生,比方说,国子监、弘文馆、崇文馆,地方的州学、县学。乡贡是哪些人?乡贡指的是私学的学生,也就是不在学馆或正规学校上学的学生。当年杜甫的身份属于乡贡。乡贡考试,具体是啥流程呢?首先要参加州、县一级的考试,成绩达标之后,再送到尚书省参加科举考试。

看出来了吧,要想杀入进士考试这个决赛圈,必须先

---
[1] "归帆拂天姥,中岁贡旧乡",《壮游》节选。

通过乡贡这个"地方性考试",它是进士考试的一个"前奏"。如果乡贡考试被淘汰,这就等于资格赛落选,然后的进士考试呢,就没有然后了。

要问杜甫这次乡贡考试怎么样?这么说吧,杜甫自带"二百吨才华",应付这个级别的考试,还不是牛刀小试。所以,第二年,杜甫在乡贡考试这场"选拔赛"中完美胜出。紧接着,杜甫搞出个大动静,诗人到东都洛阳,参加进士考试,去完成第一场人生的大考。

那杜甫当时是啥实力呢?都说人这一生,向上生长,向下扎根。这个时期的杜甫,饱览过绮丽山水,苦读过锦绣诗文,杜甫想自卑,实力都不允许啊。所以,杜甫是怎么自我评估的呢?他说,"气劘屈贾垒,目短曹刘墙",[1] 杜甫当时的气概和谁有一拼?屈贾,屈原、贾谊。杜甫当时的才华和谁比肩?曹刘,曹植、刘桢。

咱们判断一下,比方说,"目短曹刘墙",曹植、刘桢,那是什么段位?如果说杜甫小时候很不一般,人家曹植小时候更不一般。在建安时期,曹植笔翰如流、斐然成章、鹤立鸡群、才高八斗,似乎芸芸众生都俯卧在他的脚下。刘桢也不"菜"啊。刘桢五岁能读诗,八岁诵《论语》,赋文数万字。他记忆超群,口吐珠玑,被人呼作"神童"。

---

[1] 见唐代杜甫《壮游》节选。"劘"读音"mó"二声,意为逼近。

"建安七子"这个文人圈里,刘桢声名大噪,后人把曹植、刘桢并举,称作"曹刘",有道是"曹刘坐啸虎生风,四海无人角两雄"[1]。咱们琢磨琢磨吧,在曹植、刘桢这俩人的参照系下,杜甫竟然还能那么硬气,那么刚,只能说,杜甫踌躇满志,最过剩的就是才华了。

接着聊聊这次进士考试吧。要问杜甫对待这次科举考试的态度怎么样?要说不重视,那是没有的事儿。大家想,科举考试,这不亚于古代读书人打的一场"翻身仗",科举及第,那是无上的荣光。比方说,喜报家书啊、曲江宴游啊、雁塔题名啊,正所谓"春风得意马蹄疾,一日看尽长安花"[2]。当时的举子们,习惯穿着白色的麻布长衫,但是如果进士中榜,这白色长衫的品级就翻番儿了,登科举子叫作"白衣卿相"或者"一品白衫"。所以,像杜甫这些才子们,扬葩振藻,绣虎雕龙,他们肯定要大跃一下这个"龙门"。有道是,学霸下凡,逆风翻盘。想想看,杜甫搁笔交卷那一刻,是不是有如壮士收刀入鞘般豪横和爽利?

杜甫考上啦?拼命奔跑,华丽跌倒。杜甫被刷!有人就说了,别看杜甫没"上岸",人家根本不在乎!其实,

---

[1] 见金代元好问《论诗三十首·其二》。
[2] 见唐代孟郊《登科后》。

伤心总是难免的。只不过还算不上"一万点暴击",杜甫不会"哭晕在厕所",杜甫为啥没那么沮丧呢?我的分析是三点原因:

第一,考试无常。咱们都明白,考场发挥具有不稳定性。尤其是杜甫参加的进士考试,比今天考清华、考北大要难。唐代选拔官员的主要科目,有明经科和进士科,其中进士科最尊贵。所以,考进士就成了科举的代名词。那难度大,含金量就高,含金量高,录取率就低,非常低,只有1%至2%。[1]

第二,未来可期。杜甫当年二十四岁。当时流传一种说法,叫作"三十老明经,五十少进士"。啥意思呢?三十岁考上明经,岁数就太大了,但五十岁考上进士,还算年轻的。以前我们经常讲青春的李白,都忘了青春的杜甫,杜甫当时大有一种稳中求进的姿态,正所谓"你不急,我不慌,岁月悠长,不用赶场"。

第三,盛世方兴。杜甫进士考试的时候,正值大唐的流金岁月,国家对于知识分子大开仕进的方便之门,社会对于个人能力的肯定也超出以往历史时期。杜甫相信,以后还有更多机会,他能行,他可以,他来得及,他考得上,乾坤未定,你我都是黑马。这种自信,不但来源于自身的

[1] 葛剑雄主编《盛唐气象》,广东:广东人民出版社2021年版,第247页。

才能，也来源于时代的馈赠。

所以，杜甫望岳这个时候，表面看非常乐观，其实非常不乐观。换句话说，杜甫表面是个"悠游杜公子"，实际是个"高考落榜生"。但杜甫的青春杜甫做主，杜甫，继续开启漫游模式。

【编者语】

《望岳》是杜甫青年时代的作品，充满了诗人青春的激情与狂放。全诗没有一个"望"字，却紧紧围绕诗题"望"字着笔，由远望到近望，再到凝望、仰望，最后是俯望。"会当凌绝顶，一览众山小"。那么，泰山究竟有着什么样的魔力，从古到今，成为文人纷纷致敬的地方，令很多人在此完成他们人生的凤凰涅槃？从自然属性和人文属性，泰山究竟被赋予怎样的特定意味？又是什么样的背景、氛围，以及个人际遇，让年轻的杜甫面对泰山，能够淡薄落榜的失利，高诵《望岳》，唱出自己的人生信念，并且一唱即成千古？

泰山岱庙内的壁画
描绘帝王封禅的场面

03

问题是,在杜甫之前、之后,都有人望泰山咏泰山,为啥杜甫一望,便成经典?

《望岳》这首诗很有名,要问知名度有多大?有一回,我参加一个活动,按照惯例,每个人要自我介绍,有个人说,"大家好,我姓岳,我这个岳,和一个大名人有关",大家很常规地以为,他接下来会说"岳飞的岳",错了,他接着说,"《望岳》的岳"。《望岳》,被称作史上最励志的登山诗。

这里的问题是,杜甫望泰山,为啥感情如此特殊?

我们今天游泰山,除了拍拍照、发发圈、配上几张美颜照片,再加上一篇可能很"水"的"水文",也可能很"爽"的"爽文",再就没啥了。这是因为,时间过于久远,我们已经对泰山文化产生了文化隔阂。泰山文化,在历史上,有其漫长的生成与演进的过程。一言以蔽之,泰山不只是自然山、风景山,它更是政治山、文化山。

关于泰山文化,这个话题稍微有点"学术",所以,咱们只简单提取两个点。

第一,一个中心:齐鲁文化的中心。泰山之所以有名,其中一点,因为泰山与齐鲁文化有关。

说到齐鲁,大家一定会想到两位圣人:一位是至圣孔子,一位是亚圣孟子。孔子对泰山是发出过感慨的,"孔子登东山而小鲁,登泰山而小天下"[1]。这说明啥呢?一方面,体现出泰山这座东方名山,它在儒学领袖心中具有崇高的地位;另一方面,孔子借泰山的至高无上、至尊无比,来抒发自己高瞻远瞩、以天下为己任的人生理想。孔子临终的时候还说:"泰山其颓乎!梁木其坏乎!哲人其萎乎!"[2] 孔子,自视为泰山的化身。孔子与泰山,儒家文化与泰山文化,有着难以割断的血脉联系。齐鲁文化,这是一块文化高地。在齐鲁文化深厚的基底上,泰山具有了特殊的象征意义,象征圣德大智。泰山在五岳中领导地位的形成,与齐鲁文化是分不开的。

第二,一个圣地:帝王封禅的圣地。泰山作为"政治山"的重要彰显,就是帝王封禅。按照史家的解释,封禅是融政治与信仰为一体、用以沟通天人的国家祭祀大典。啥叫封禅?"封"是祭天,"禅"是祭地,通俗地讲,就是皇上工作干得不错,想跟上天汇报一下自己的工作。在哪儿汇报呢?在泰山,通过泰山达到天人相应、天人相交这样一个效果。为啥偏要到泰山呢?因为封禅被看作庄严

---

[1] 见《孟子·尽心上》。
[2] 见《临终歌》。

肃穆的政治仪式，泰山自然在"封禅文化"中占据特殊地位。

那杜甫生活的时代有没有过封禅呢？唐朝历史上多次议论过封禅，但是真正实现封禅的只有两次。其中，唐玄宗封禅泰山，这一盛典，杜甫赶上了。为啥呢？杜甫不是在洛阳姑姑家长大的吗，咱们都知道，到了唐朝，洛阳已经是事实上的首都。所以，这次泰山封禅，去往泰山的大型车队是从洛阳出发的。据史书记载，唐玄宗带领王公贵族、文武百官、皇亲国戚、儒生文士，浩浩荡荡向泰山挺进，队伍绵延几百里，一路鼓乐喧天，蔚为壮观。到了晚上宿营的时候，方圆几里全是帐篷，穹庐毡帐以及牛羊驼马填满了道路，星星点点的灯盏，仿佛天上的街市。泰山脚下，泰山顶上，都举行了一系列的仪式。唐玄宗登顶祭拜，祭天的大火在山顶熊熊燃烧，山下等候的人山呼万岁。[1] 这次封禅大典盛况空前，它是开元盛世这一巨幅画卷的浓墨重彩。

这一年，是开元十三年，这一年，杜甫虚岁十四岁，在杜甫心中，这是超级神圣的记忆。

从以上两个方面讲，"会当凌绝顶，一览众山小"，杜甫在这儿悄悄藏了一个典故，显然是受到孔子"登泰山而小天下"的影响。很多人一直纠结，纠结杜甫到底登没

---

[1] 宋代司马光《资治通鉴·卷二百一十二》。

登上泰山，[1]我反倒觉得，登没登上不重要，恰恰是杜甫没登上、想登上这个劲儿，才是这首诗最大的看点。"会当凌绝顶，一览众山小"，从自然属性来说，泰山拔地通天的雄姿，激发了杜甫登攀向上的渴求，表现了杜甫俯视一切的蓬勃朝气；从人文意义来说，表现了杜甫卓然独立、兼济天下的壮志雄心。《望岳》说出的正是杜甫的盛世理想、人生理想。那杜甫的理想有多高呢？

04

都说人人有理想，但理想绝对是有层级的。杜甫的理想从来不藏着不掖着，很多诗里都提过，比方说："致君尧舜上，再使风俗淳"[2]，啥意思呢？杜甫说，假如自己得到重用，假如自己站在一个全新的政治平台，他所辅佐的明君圣主，其丰功伟业，不但要和上古的尧舜旗鼓相当，甚至要远超尧舜，他还要"美教化，移风俗"，使得败坏的社会风尚，重新恢复敦厚淳朴，四海之内，海晏河清。大家说，这样的理想，是随随便便哪个张三李四的理想吗？

---

[1] 杜甫很可能多次登过泰山，后来写诗回忆说自己曾登上泰山的日观峰。
[2] 见唐代杜甫《奉赠韦左丞丈二十二韵》。

不要说普通人做不到,想都想不到。说白了,杜甫想成为什么人?杜甫想成为"帝王师",杜甫是想当宰相的,这才是杜甫向未来发出的定位,这才是杜甫的角色认同。所以,杜甫和李白一样,他们都是壮志凌云,直取卿相,上可安社稷,下可济苍生。"致君尧舜上,再使风俗淳",这是一介儒者最高的政治理想。正所谓"士不可以不弘毅,任重而道远"[1],在杜甫的手中,仿佛握有撬动地球的那么一个强大的支点。尽管后来,杜甫这一理想始终没有照进现实,但是杜甫青少年时期树立的这一目标,成为贯穿诗人一生的主线。

我之所以说这首《望岳》,代表了杜甫光芒四射的理想,是因为全诗遒劲峻洁、气魄雄放。在杜甫心中,他相信青春没有地平线,他相信伸手就能碰着天。"海到尽头天作岸,山登绝顶我为峰"!在我看来,杜甫绝对是个歌颂理想的真心英雄,就在写作《望岳》的同一时期,杜甫不光歌颂泰山,还歌颂鹰,歌颂马。

这个鹰,不是杜甫亲眼所见,这是杜甫的一首题画诗。科普一下,啥叫题画诗,题画诗就是画上题诗,画家完成一幅画,在画上再题一首诗,诗情+画意,就好比"人靠衣裳马靠鞍",画好,诗好,相得益彰。杜甫呢,给一幅

---

[1] 见《论语·泰伯》。

画上的鹰,题了一首诗。这只鹰,不是一般的鹰,是只苍鹰。杜甫起笔起得就非常高,他说洁白的画绢上,突然腾起一片肃杀之气。你看,这就好像写人,不见其人,先闻其声。杜甫的题画诗非常善于使用这种手法,简直是人家的"绝活",艺术效果瞬间拉满。

写鹰,你就不能只写鹰,你要写矫健,你要写凌空;你要写豪气,你要写激情;你要写画上的鹰就像活着的鹰;你要写挟风带霜,神采飞动;你要写气雄万夫,鄙视平庸;你要写跃跃欲试、无可匹敌的性情;你要写呼之即出、追逐狡兔的雄风。这不是我写的,是杜甫写的。

大家看,诗的结尾说:"何当击凡鸟,毛血洒平芜。"[1]什么时候这只不凡的苍鹰展翅搏击,将那些"凡鸟"的毛血洒落原野。杜甫借鹰言志,将苍鹰和"凡鸟"对举,表现自己嫉恶如仇之心、奋发向上之志。"何当击凡鸟,毛血洒平芜",这只画上的鹰,因为杜甫的书写,有了自己特殊的精气神。

我们发现,杜甫年轻那会儿,不喜欢那些小里小气的东西,"马"在杜甫诗中出现很多次,杜甫第一首咏物诗,就是一首咏马诗。杜甫描绘了一匹"胡马"。

写马,你就不能只写马,你要写风骨,你要写驰骋;

---

[1] 见唐代杜甫《画鹰》。

你要写雄心，你要写血性；你要写风入四蹄；你要写四蹄腾空；你要写筋骨嶙峋，像刀锋一样分明；你要写两耳像斜削的竹片，神峻劲挺；你要写逾越险阻，作战勇猛；你要写凌厉奔驰，天下扬名；你要写英勇向前，无惧死生。这也不是我写的，是杜甫写的。

大家看，诗人最后写品格、上价值："骁腾有如此，万里可横行"[1]。"骁腾有如此"总挽上文，"万里可横行"宕开一笔。"骁腾有如此，万里可横行"，那杜甫借马的精神，他想表达什么呢？这个时候，唐王朝国力强盛，平定边关，开拓疆土，无论书生还是寒士，他们都渴望"马上封侯"。在这样的时代语境下，这首诗，一方面包含杜甫对这匹马的主人建功立业的期许；另一方面反映出杜甫积极进取的胸襟抱负。

那可能有人不同意了，说爱啥不爱啥，写啥不写啥，这是"兴趣至上，与他人无关"。错了！对于咏物诗来讲，什么样的诗才算上乘？咏物诗，"以有寄托为上"。苍鹰于燕雀之流，超然拔俗；胡马于天地之间，势不可挡。鹰击长空，马行万里，都是杜甫自身品质与情感取向的一种投射。苍鹰和骏马，被杜甫的如椽巨笔赋予了独特的灵魂。

"会当凌绝顶，一览众山小"，"何当击凡鸟，毛血

---

[1] 见唐代杜甫《房兵曹胡马》。

洒平芜","骁腾有如此,万里可横行"。大家发现没有,无论写山写水,无论咏马咏鹰,无论观物观己,杜甫青春的诗行,都是崇高壮美的事物,都是力透纸背的语言。这一时期的杜甫,漫游是他生活的全部吗?不!杜甫的理想就像一道虹!杜甫在诗中,遇见了未来的自己,回首的身后,是荣光万丈!奔赴的前方,是万丈荣光!

最好的时光总是走得匆匆。杜甫的齐赵之旅结束,对于杜甫这辈子来讲,他的青春期已经滑过。杜甫接着回到了洛阳,就在洛阳,发生了一件大事、一件喜事。要问是多么大的喜事,有人[1]说,值得敲三通锣、打三通鼓来庆贺呢!只因为骄傲的杜甫,遇见了比他还骄傲的人,那这个神秘大咖是谁?他们又将上演怎样的剧情呢?

---

[1] "有人"指闻一多。

陆

双星聚会

李白、杜甫,
中国诗歌国度里的太阳和月亮,
日月当空,双星聚会,
激发出怎样动人的火花?
又留下了哪些传奇故事?

【文前按语】

生命中有多少友情,令人刻骨铭心;生命中有多少仰望,是那样的长久赤诚。李白和杜甫在机缘巧合下相遇,结下深厚友情,终生不渝,双星聚会,写下中国文学史上一段佳话。

李白和杜甫,出身背景不同,年龄不同,性格不同,诗作风格不同。相遇之时,两人的身份、地位、想法也不尽相同:李白已经名动天下,杜甫开始崭露头角;李白热衷寻仙访道,杜甫志在读书求官。这么多的差异,又同为才俊,他们是怎样成为惺惺相惜的知己的?是什么让他们一见如故,携手同游?三次相会,他们之间有哪些动人的瞬间?为什么说他们的相遇,是中国文学史上神圣重大的时刻?

01

首先咱们来盘点一下，古代诗坛哪些组合最耀眼？屈宋、颜谢、高岑、王孟、刘柳、元白？[1]不用数了，哪个名气也盖不过"李杜"，尤其"大李杜"。那李白杜甫，他俩总是被后人"捆绑式提名"，他俩是素未谋面还是私交甚好呢？李杜，不光是朋友，还是文学史上著名的好朋友。

从杜甫这辈子来说，和李白交往的那段时间，是他生命中比较宝贵，甚至是比较"奢侈"的一段光阴。杜甫和李白好到什么程度？杜甫写诗告诉咱们了："醉眠秋共被，携手日同行。"[2]看看吧，玩要搭伴玩，醉要俩人醉，手要拉着手，睡要一块睡，不是亲兄弟，胜似亲兄弟！要说，这人与人的遇见，可不是谁想遇见谁，就能遇见谁，那李白杜甫，他俩相遇的契机在哪呢？

咱们都知道，李白不是在帝都长安曾经供奉翰林吗，可是到了公元744年，李白的高光时刻很快变成了"低光"时刻。无论是李白主动"辞职"也好，还是朝廷把他"解聘"也罢，总之，李白从皇帝身边撤出来了，这就是历史

---

[1] 屈宋指屈原、宋玉，颜谢指颜延之、谢灵运，高岑指高适、岑参，王孟指王维、孟浩然，刘柳指刘禹锡、柳宗元，元白指元稹、白居易。
[2] 见唐代杜甫《与李十二白同寻范十隐居》。

上人所皆知的"赐金放还"。于是呢,李白一路向东,来到了洛阳。在这儿,定格了文学史上最激动人心的一个瞬间——李杜邂逅。那李杜邂逅,咱们是不是很想知道,当年杜甫是一个什么样的"表情包"?

我敢说,当年的杜甫望李白,就像一个小迷弟望着神仙哥哥,简直一脸的崇拜。为啥呢?有人给出答案了,说因为李白大,杜甫小,杜甫当然要仰望啦。这话儿没错。长期以来,我们形成了一种心理错觉,总是"老杜""老杜"不离口,好像杜甫比李白不光老,而且老很多。其实,杜甫比李白小,而且小不少。他俩洛阳相遇的时候,李白四十四岁,杜甫三十三岁。那杜甫之所以崇拜李白,这个年龄差,到底是不是问题?它是问题,但不是主要问题。为啥这么讲,别看李白这个时候被赶出朝廷,但是,杜甫和李白的差距还真挺大。李白大名如雷贯耳,在当时是他人难望其项背的"三高"选手:

第一高,高规格礼遇。天宝年间,李白奉诏入京,大唐天子是什么姿态?唐玄宗"降辇步迎"。啥意思呢?就是皇帝亲自下辇,步行迎接,不难想象,当时的李白又高冷又无敌,气场两米八。唐玄宗毕恭毕敬,抬爱有加。还有呢,唐玄宗又赐李白金碧辉煌的七宝床,然后御手调羹。唐玄宗给谁调过"营养粥"啊?接下来李白置身金銮殿、出入翰林中,都说皇恩浩荡,这已经到达"天花板"了吧?

第二高,高级别绰号。李白作为"诗仙",不是自我标榜的,而是后人给他"量身定制"的。李白初到长安,他的风采气度就直接把贺知章迷倒了,贺知章直呼李白"谪仙人",就是说李白仙风道骨,飘逸不群,堪比被贬凡间的神仙。这个评语,如果是平常之人无意中说出,倒也没啥含金量。贺知章啥身价?贺知章身为"太子宾客",三品大员,风流倜傥,文采超拔,这简直是把人夸上天的节奏。除了"谪仙"这个绰号,当时李白和贺知章等八个喝酒"达人",还被并列称作"酒中八仙"[1]。"双肩挑"是谁呢?李白,"诗仙"+"酒仙",仙气飘飘。

第三高,高格调创作。李白供奉翰林,在当时好似长安城中"一把火"。李白的得意之作《大鹏赋》,几乎家藏一本。这种热度,不亚于左思的"洛阳纸贵"。长安城,某种程度上就是李白的城。李白在长安,拥有好几件最光彩的传闻,什么奉旨写下《清平调》啊,什么贵妃捧砚啊,什么力士脱靴啊,这些逸事,别管真,别管假,十分当中有一分,都够李白吹一辈子了。

不是说,没有比较就没有伤害嘛!咱们不妨伤害一把

---

[1]《新唐书·李白传》载,李白、贺知章、李适之、汝阳王李琎、崔宗之、苏晋、张旭、焦遂为"酒中八仙人"。另杜甫有《酒中八仙歌》,写作时间不确定。

杜甫；李白这"三高"，杜甫一样都不占。从人生阅历来讲，供奉翰林，还是杜甫遥不可及的梦啊；从诗坛辈分上看，李白整整先于杜甫一个时代；从诗歌成就而言，李白堪称大唐"百万粉丝博主"。李白轰动朝野，杜甫初出茅庐，他俩这么不对等，要说杜甫不崇拜，谁信呐？

以上所说，不过李杜相识一个精彩的开场，精彩的节目正式开始，李杜开启了怎样的交往模式呢？

02

大家都有过这样的体验吧，和某某人认识之后，往往不过几句话，甚至不过几分钟，就知道眼缘对不对，气场合不合。世上最远的距离，就是你站在我眼前，但我们好像隔着银河系。那李白杜甫怎么样？杜甫领略到李白身上的豪情，汪洋恣肆；李白也感受到杜甫身上的才气，势不可挡。

咱们口说无凭，杜甫有诗为证，杜甫诗中说："遇我宿心亲"[1]，啥意思呢？李白杜甫，相谈寥寥，顿感一见如故。接下来几番把酒，更觉意气相投。我们东北有句老话，说，

---

[1] 见唐代杜甫《寄李十二白二十韵》。

吃啥面条就得打啥卤子,这就叫对撇子,对劲!那李白杜甫这么对撇子,这么对劲,他俩琢磨点啥好玩的项目呢?

总项目:漫游。子项目有一个下拉列表:喝喝酒啊,写写诗啊,怀怀古啊,打打猎啊,寻寻仙啊,吹吹牛啊。以前,李白漫游过,杜甫也漫游过,但是李白杜甫没一起漫游过。这回,他俩达成一个约定,李白、杜甫同游梁宋。不过,梁宋之游,还仅仅是李白杜甫漫游的上部,我们姑且称之为:梁宋篇。梁宋是哪呢?梁宋主要是指河南商丘这一带。都说无巧不成书,说起来巧了,这场漫游,本来嘛,李白杜甫已经组成"最强二人组",可是在梁宋这儿,又变成了"大V三人行",是谁"入伙"了呢?

这个人,大伙儿都很熟,边塞诗派响当当的领军人物——高适。高适和杜甫不是新朋友,他俩是老相识,前几年就见过面。这下,高适友情加盟,气氛不同了,戏码也加大了。那李白杜甫高适,他们一起去梁宋玩,梁宋好不好玩呢?杜甫晚年写诗回忆过,大家看:"邑中九万家,高栋照通衢。舟车半天下,主客多欢娱。"[1] 杜甫向我们输出了什么信息?梁宋当时也是繁华之地。你看,人烟稠密,高楼林立,交通便捷,商贾云集。这里古迹也挺多,要说第一大景点,当属梁园。为啥叫"梁园"?西汉的时

---

[1] 见唐代杜甫《遣怀》。

高适像

游春图 ∨∨∨

杜甫、李白

候，商丘是梁国的国都。所以，梁园是梁孝王时期建造的一座大型皇家园林。当时的梁园，太奢华了，宫殿鳞次栉比，房舍雕龙画凤，方圆三百多里。作为一方诸侯，梁孝王在此大会宾朋，文人雅士八方云集。

可是到了唐朝，九百多年过去，梁园早已不是当初的梁园，李白、杜甫与高适，他们仨来到梁园，但见这里断壁残垣，荒凉破败，难怪有人说李白杜甫高适他们成立的是一个"废墟俱乐部"。李白杜甫高适，他们三人慨然挥笔，都有诗作留存，表达了深切的沧桑之感、兴亡之叹。

李白杜甫高适，他们不光去了梁园，还去了吹台。吹台是个啥地方呢？春秋时期有一位著名的盲人乐师，名叫师旷，这个吹台，就是相传师旷吹奏古乐的地方。杜甫晚年回忆说："忆与高李辈，论交入酒垆。两公壮藻思，得我色敷腴。气酣登吹台，怀古视平芜。"[1] 杜甫回顾，自己当年和李白、高适一起畅饮、赋诗、登台，还夸了夸李白、高适的写作才能，很了不起。

除了去吹台，他们还去了单父[2]台。单父台是孔门弟子宓子贱弹琴的地方，宓子贱是孔子的得意门生，曾经担任单父宰。宓子贱虽然终日弹琴，但是政绩卓著，把单

---
[1] 见唐代杜甫《遣怀》。
[2] "单"读音"shan"四声，"父"读音"fu"三声。

父治理得非常好，深合老子的"无为而治"之道。李白杜甫高适，一想到当时唐玄宗穷兵黩武，与宓子贱的"鸣琴而治"形成强烈反差，就不禁为大唐国事深感忧虑。那大家想，以上这些桥段反映出什么问题？那个时候的李白杜甫高适，他们只知道赏风景、喝美酒吗？当然不是啊，他们都心怀家国。

到了深秋时节，李白、杜甫与高适还一同去孟诸泽打猎，不用说，这仨人打猎，哪个都不"菜"，动作还快，姿势还帅。总而言之，无论打围射猎、饮酒高歌，还是登临怀古、赋诗论文，李白杜甫高适，一路快活，一路洒脱，好不惬意。

说到这儿，咱们需要深挖一下，李白杜甫高适为啥聊得那么嗨、玩得那么嗨、醉得那么嗨，难道他们当年都春风得意吗？错了！李白怎么样？我们刚刚说过，李白不是被踢出朝廷了吗？李白一生，政治上遭遇两次重大失败，一次被"赐金放还"；一次被长流夜郎。所以，李白漫游的这个时候，正是他经历人生痛点的时候。杜甫怎么样？杜甫旅居东都，当时还是个"追梦人"，但是理想的大门内，总是人满为患，杜甫也是举步维艰。高适怎么样？高适这个时候客居梁宋很久了，明明一个河北人，竟然成了河南的"常驻大使"，不要说高适过得有多么滋润，温饱都成问题,再加上科考落第,高适穷困潦倒,几乎是度日如年。

由此可见,李白处于人生的转折期,杜甫处于人生的困惑期,高适处于人生的瓶颈期,"灰色"构成他们三人情绪的主色调。但是,读他们的诗,我们能读到感慨,读不出颓废。漫游梁宋的时光,仍然是他们幸福指数很高的一段时光。要问什么原因?我一直觉得,盛世不仅仅给人安全感,给人优越感,它还给人某种"飞翔感"。虽然李白、杜甫、高适,谁都有不满,谁都有不顺,谁都有不甘,但是别忘了,他们都处于盛唐。他们谁都不肯接受命运的框定,即使赤手空拳,也要来场漂亮的绝地反击。他们相信,时代的巨轮会带着每一个人的梦想远航。所以,他们继续乐观地与世界交手,面向阳光,努力生长。

一晃到了这一年的秋末,李白杜甫高适,这个"三人行小分队"解散了,高适啥去向呢?高适孤身一人,南游淮楚。那李白和杜甫,分开没有呢?

03

高适不陪李白、杜甫玩耍了,李白、杜甫接下来也换频道了,他俩开始了另一个主题活动——寻仙访道。在河南,有一座道教名山,叫作王屋山,于是呢,李白、杜甫渡过黄河,他俩兴致勃勃去王屋山寻访一个道士——华盖君。遗憾的是,这个华盖君已经仙逝,他的大部分弟子也已散去,只留下捣药的尘、炼丹的灰。面对群山寂静,面对人去屋空,要问李白杜甫有多么大失所望,他们诗里说,他们已经伤心到泪奔。后来呢,他俩又商量去衡山寻找道士,这就更远了,因为路途遥远,未能成行。

这里的问题是,李白痴迷求仙访道,很容易理解,因为道教的影响几乎伴随了李白的一生。但是杜甫不是这样,我们之前讲过,杜甫是一个"奉儒守官"的家世。可是大家发现没有,李白一带节奏,杜甫立刻发声,无论找仙人啊,采仙草啊,炼仙丹啊,杜甫像个"小跟班",哪样都跟着,而且乖乖地跟着。杜甫为啥那么死心塌地跟着李白呢?

有人说,杜甫这个时候,对李白的崇拜非常狂热,已经失去了理智,杜甫完全被李白鬼使神差带进了"坑"里。咱们要把这个"结"解开,就必须回到历史现场,去看看李白杜甫携手漫游这个时间段,他俩分别是什么生活状态?分别是什么心理状态?

咱们开头说了,李白此时是入长安又出长安,大家可别小看这一"入"一"出",对李白来讲,可是大起大落。一方面,尽管李白曾经红得发紫,在长安掀起过一股"太白旋风",可是,再狂再傲的李白,这个时候也难免有愤慨,难免有失落,难免有迷茫;另一方面,李白直接接触到大唐王朝最上层的统治者,他看透了盛世王朝的纸醉金迷,他认清了封建统治的庙堂黑幕,李白的天真、李白的幻想、李白的执着,前前后后,发生了很大的变化。所以,这个时候,李白的思想由积极入世转向消极避世,李白的仕途越失意,他就向道教走得越近。

如此说来,李白这个时候烦恼多多。杜甫怎么样呢?杜甫同样烦恼多多。杜甫给李白写过一首诗,杜甫诗中说:"二年客东都,所历厌机巧。野人对腥膻,蔬食常不饱。"[1]啥意思呢?这个时候,杜甫在洛阳生活了二年,杜甫见得最多的,就是官场上那些卑劣之徒,这是一大帮抖机灵的人,他们狡黠诡诈之丑行、蝇营狗苟之嘴脸,杜甫实在烦透了。那些朱门大户,吃不完的大鱼大肉,杜甫哪怕有上顿没下顿,饿着肚子,也不愿沾染那些恶俗之气。杜甫对于当时的人情世态,痛心疾首又牢骚满腹。恰好这个时候,李白出现了,李白的仕途"翻车事件",某种程度上也给杜甫的从政热情泼了一瓢冷水。再加之大唐的时候,道教很时兴,道家也很出名,还算年轻的杜甫,思想价值取向又很多元,所以,不知是杜甫的人生轨迹,水到渠成地吻

---

[1] 见唐代杜甫《赠李白》。

合了李白的路线图,还是李白的漫游攻略,不知不觉巧中了杜甫的小心思。就这样,李白杜甫,他俩成了"驴友",成了"文友",也成了"道友"。不过,大家注意,大家注意,寻仙访道,杜甫只是一阵子,不是一辈子。

那李白甘心吗?李白太不甘心了。李白拿出把理想主义进行到底的勇气,他接下来前往齐州,也就是今天的山东济南,举行了入道仪式,成了一名真正的道士。有意思的是,当李白去了山东,杜甫也去了山东。李白杜甫又会面了,就这样,他俩从河南玩到山东,开启了漫游的下部:齐鲁篇。

到了745年的秋天,杜甫再次前往兖州。大家还记得吧,杜甫的老爹不是担任兖州司马吗,杜甫多年前去过一次,可是,老父亲几年前已经过世,这时的兖州也改为鲁郡,一切都物是人非。李白在哪呢?兖州这个地方,离任城非常近,这时李白的家小一直寄居在任城。兖州任城咫尺之遥,于是,李白、杜甫再次在任城重逢。这个时候,李杜的感情又深了一层,又厚了一层,他俩称兄道弟,一起品诗论文,一起寻幽览胜。但是,大家别忘了,有李白在,就有寻仙在,杜甫和李白不光在河南寻找道士,他俩还去兖州城北,共同访问了一个隐士。

这是一个秋天,这一天天很好,没有风,空中是南归的大雁，李白和杜甫俩骑马出发了。那大家猜，李白、杜甫一起走，跑在最前面的是谁？一定是李白。可是坏了，出了城北，这里秋草丰茂，路径迷离，还没走多远，纵马急驰的李白，就在前面迷路了，他一头钻进了苍耳丛中。苍耳子，大家都见过吧，这东西浑身净刺，扎你身上，摘都摘不下去。这下，李白粘了一身的苍耳子，把他一身贵气的华服，弄了个乱七八糟。到隐士家门口了，李白翻身下马，这副狼狈相，连主人都不敢认他了，这是李白吗？他就是李白！接下来，李白、杜甫加上隐士，三个人开始了小型的"圆桌酒会"。不用说，酒席之上，诗少不了，酒少不了，吟诗吟得开心，喝酒喝得尽兴。[1] 对杜甫来说，这段有李白陪伴的日子，吃得好喝得好玩得好，杜甫太珍惜了。杜甫诗中说："不愿论簪笏，悠悠沧海情。"[2] 这时的李杜，他们不去讨论仕途上那些闹心事儿，他们只想沐浴在又真又纯的友谊里。

---

[1] 见唐代李白《寻鲁城北范居士失道落苍耳中见范置酒摘苍耳作》。
[2] 见唐代杜甫《与李十二白同寻范十隐居》。

【编者语】

山东一别后,这两位诗人再也没有见过面。但双星相聚,交会时互放光亮,闪耀千古。杜甫一直没有停止对李白的怀念,他始终关注着李白的命运,对李白的怀念几乎贯穿了杜甫的后半生。一生中仅仅三次见面,为何让杜甫如此念念不忘?继续仕途的杜甫是从什么时候开始对李白从仰慕到理解?李白和杜甫之间究竟是一种什么样的友情?

04

有道是"欢娱嫌夜短,寂寞恨更长"。快乐的时光就像长了翅膀,一转眼又到了秋末冬初。都说天下没有不散的筵席,这个时候,杜甫将要回到洛阳,李白也要前往江东,一个西归,一个南游,于是,诗坛上这对非常要好的兄弟,即将分手。

想必大家一定听说过,说李白与杜甫之间,李白很薄情,杜甫很深情,甚至有人责问李白,问李白,你这么对待杜甫,你拍拍良心不痛吗?我要告诉大家,如果从这次的分别来看，李白真的很动情，李白比杜甫还要难舍难分。李白杜甫分别的地点在哪呢？在鲁郡，有一座山，名字叫作石门山，这里有寂寂古寺，有潺潺清泉，李杜分手的地点就在东石门。李白端起手中的酒，看着即将远行的兄弟，很伤感。这次分别后，在这个熟悉的老地方，不知什么时候，他俩才能再会，才能同游，才能共饮！李白作诗说，"飞蓬各自远，且尽手中杯！"[1]明天，我们将如同飞蓬各自飘远，想一想真是难过，真是舍不得。就让我们以酒抒怀，把酒喝尽，来一场深情的醉别吧！聚如火，散如星。杜甫走了，李白好想杜甫啊。那李白想杜甫，杜甫想不想李白呢？

这么说吧，海可枯石可烂，小老弟对老大哥的思念，一直都没变。杜甫对李白，可以说无日不思，无时不想，杜甫写下赠李白、忆李白、怀李白、梦李白、寄李白等十多首诗，每首诗的感情都那么真，一点水分都没有。难能可贵的是，李杜之间，没有文人相轻，只有文人相惜。杜甫说："敏捷诗千首，飘零酒一杯。"[2]大家看，李白的"偶像滤镜"，在杜甫面前，一辈子都没打碎。什么是真正的朋友？朋友不是你最早认识的人，而是认识之后就再也没走出你心里的人。对杜甫来说，李白虽然走远，却从来没

---

[1] 见唐代李白《鲁郡东石门送杜二甫》。
[2] 见唐代杜甫《不见》。

有真正离开。

如果说友谊也是一场马拉松，你会发现，杜甫不是跑得最快的那一个，但他是永不退赛的那一个。杜甫对李白的兄弟情，一生没有空窗期：冬天到了，杜甫想白哥；春天来了，杜甫想白哥；起风了，杜甫还想白哥。杜甫想李白最厉害的时候，是一连几个晚上，他的梦里全是白哥。杜甫不光惦记李白，后来听说李白蒙冤发配，他还勇敢地说："世人皆欲杀，吾意独怜才。"[1] 所有人都对李白喊打喊杀，只有杜甫站了出来，慷慨悲愤，为李白辩驳，字里行间，诚意满满。杜甫仿佛偷偷地说："白哥，你放心，如果整个世界都背叛你，我会站在你身后背叛整个世界！"有很多人哭着喊着要跟李白做朋友，李白当然不错，但是如果二选一，我要选杜甫！大家想，在你的朋友圈里，你能找出来为你一辈子牵肠挂肚的朋友吗？

我们说，任何人一生的成长都离不开友情，尤其当人年轻的时候，与优秀者为友，会对一个人的人生产生深远影响。李杜在性格上反差极大，形成互补。李杜同游的时间虽然短暂，但这段稍纵即逝的日子，藏着不可复制的美好。李白与杜甫的友情，绝不是"塑料"的友情。可是，他们谁也没有料到，这次分别竟是一次永别。由最初的适

---

[1] 见唐代杜甫《不见》。

逢其会、猝不及防，到最终的花开两朵、天各一方。李杜分手之后，杜甫通过诗歌怀念李白，既是怀念那段快乐恣意的时光，也是对李白不断地进行精神解读。杜甫对李白的认识也是一个不断深化的过程，越到晚年，杜甫越加贴近李白的心灵。

李杜漫游，从杜甫这辈子来说，可以算作杜甫漫游吴越、漫游齐赵之后的第三次漫游。李白与杜甫的相遇，确实谱写了文学史上一段佳话。闻一多先生有个比喻说得非常好，他说，四千年的历史里，除了孔子见老子，没有比李白、杜甫会面更重大、更神圣、更可纪念的了。李白和杜甫碰了头，就好比太阳和月亮碰了头，简直值得敲锣打鼓庆贺一番。大家想，李白杜甫，他俩确实像太阳，像月亮，这是大唐最璀璨的两颗巨星。如果他俩擦肩而过，是不是整个诗坛都将黯淡无光？

不过呢，杜甫和李白交往的这段时期，他俩面临的阶段性人生主题是不同的。李白面临的主要问题是啥？消解政治上出局的苦闷。杜甫的首要任务是啥？尽早实现修齐治平的理想。李白需要休整，杜甫需要前行。他们都要回到现实，去面对自己的人生。这次临歧道别之后，杜甫便西入长安，他要走向自己仕途的"星光大道"。可是，理想能不能照进现实？杜甫是步入了青云上，还是掉进了尘埃里？

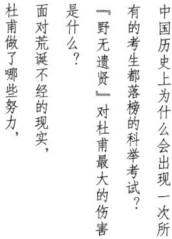

柒 野无遗贤

中国历史上为什么会出现一次所有的考生都落榜的科举考试?"野无遗贤"对杜甫最大的伤害是什么?面对荒诞不经的现实,杜甫做了哪些努力,试图改变自己的命运?最终杜甫做到了吗?

【文前按语】

三十五岁,是杜甫人生的分水岭,在此之前,他是出身世家的青年才俊,一腔热情,意气风发,准备在仕途上有所作为。而在此之后,失意不顺挥之不去,诗风逐渐变得沉郁顿挫。这一年的杜甫遇到了什么事,让他的人生骤然转向?中国历史上为什么会出现一次所有的考生都落榜的科举考试?"野无遗贤"对杜甫最大的伤害是什么?面对荒诞不经的现实,杜甫做了哪些努力,试图改变自己的命运?最终杜甫做到了吗?

01

大家想象一下,如果有人把自己比作一条鱼,那该是怎样的一种画风?杜甫说自己是条鱼,这条鱼不是一般的鱼,是一条"纵壑之鱼"。[1] "纵壑之鱼"啥意思?就是在又大又深的沟壑中尽情畅游的大鱼,自由、自在、又自得。俗话说,"海阔凭鱼跃","水浅养不了大鱼"。所以,杜甫用"纵壑之鱼",来比拟自己年轻的时候,既逢盛世,又处顺境,如鱼得水。

可是后来,这条大鱼受挫了,杜甫在诗中说:"主上顷见征,欻然欲求伸。青冥却垂翅,蹭蹬无纵鳞。"[2] 这个时候的杜甫,就像一只大鸟,就像一只大鹏,"青冥却垂翅",刚要冲向蓝天,翅膀却垂下来了;这个时候的杜甫,就像一只大鱼,甚至就像一条大鲸,"蹭蹬无纵鳞",再也不能摆尾,再也游不起来了。这到底为啥呢?

杜甫这辈子,三十五岁前,那是他最值得怀念的一段时光。那段日子过得真好!有花香,有酒香,有书香,有墨香,对了,还有李白。杜甫以最快意的脚步,跟随"开

---

[1] 见唐代杜甫《将适吴楚,留别章使君留后,兼幕府诸公,得柳字》,"昔如纵壑鱼,今如丧家狗。""纵壑鱼",出自汉代王褒《圣主得贤臣颂》:"千载一会,论说无疑,翼乎如鸿毛遇顺风,沛乎若巨鱼纵大壑。"
[2] 见唐代杜甫《奉赠韦左丞丈二十二韵》。

元盛世"一同奔跑,眼眸有星辰,心中有山海,他相信青春没有地平线,他相信伸手就能碰着天。可是,当杜甫三十五岁西入长安,从这一年开始,如果说从前的杜甫生活在"风景"里,此后,则一直生活在"风暴"里。所有美好的过往,所有闪光的桥段,全部翻篇了。杜甫,一腔抱负,一身能耐,一把华年,在长安按下了"暂停键"。

更悲催的是,杜甫不仅在能量爆棚的年纪被困长安,而且一困长安竟达十年。十年!我们是不是要心疼杜甫五分钟?那么,三千多个日子,杜甫都历经了哪些梦碎,还有哪些心碎?

"主上顷见征,欻然欲求伸。青冥却垂翅,蹭蹬无纵鳞。"杜甫这四句诗和一个事件有关,这个事件,是一个"大无语事件"。

"主上顷见征,欻然欲求伸",这说的是啥呢?公元747年,杜甫等来了人生一个出彩的机会。这一年,唐玄宗下诏,大凡天下之士,"通一艺者"皆可入京赴试,[1]啥意思呢?就是说,皇帝广撒"英雄帖",无论你是赵钱孙李、周吴郑王,只要你有一技之长,都有资格来到长安应试。那这种考试,很显然,肯定不是常规举行的科举,它叫什么呢?术语叫作"制举"。

---

[1] 见后晋《旧唐书·卷一百六·列传五十六·李林甫传》。

"制举"考试,就是皇帝要亲自选拔人才,以天子的名义,然后由各地州、府荐举,前来京都参加应试。这个制举,它和进士等常科考试最大的不同,是两个"不固定":第一,科目不固定;第二,时间不固定。[1] 所以,咱们推理一下,正是因为这两个不固定,这次的制举,更像一次"恩科"考试,有点类似皇帝举行的一场"福利性"考试,简直是面向全国考生,下了一场"红包雨"啊。

要问这一次制举考试和杜甫是啥关系?我的总结是四个"不":

第一"不":势不可挡。从年龄来说,杜甫年方三十六岁(虚岁),"不老不嫩",走过青涩,接近不惑,从前走过的路,读过的书,阅过的人,都汇聚成杜甫奔赴考场最大的底气。话这么讲,但三十六了,也算老大不小了。

第二"不":时不我待。在"人生七十古来稀"的唐代,这个时候的杜甫,人生行程已经过半,到安身立命的时候了。这次考试,距离杜甫二十四岁第一次参加进士考试那年,时间过去了十二年。首次落第,可以无所谓;这次落第,绝对有所谓。杜甫积攒了厚厚的功底,只待"薄发"的这一刻,便可平步上青云。

第三"不":机不可失。大家注意,杜甫之前参加的科举,

---

[1] 傅璇琮《唐代科举与文学》,北京:中华书局2020年版,第140页。

科举考试的面，相对比较大，而且基本上按期举行，而这次的"制举"，它是为特殊人才专设的，很可能五六七八年才能举行一次。遇上这样的考试，要说谁不珍惜，这人不是脑子里灌了水，那灌的都是开水！

第四"不"：求之不得。大家要知道，进士考试及第，这只是万里长征走出了第一步，是不能马上当官的，还要经过吏部考试。吏部考试，相当于人事部的上岗考试，吏部考试通过，才能步入仕途，这叫"释褐"。只有到了这个时候，士子们才脱掉麻衣，华丽转身，真的"麻雀变凤凰"了。咱举个例子，说一个大伙儿最熟悉的人，唐宋八大家之首的韩愈，一共参加了进士考试四次，前三次准准地通不过，第四次终于通过了，接下来还要继续"通关"，再参加吏部考试。吏部考试，前三次又是准准地通不过，第四次总算通过了。大家说，这种煎熬，是不是一种极限挑战？但是"制举"有特殊性，据研究科举史的学者考证，这个"制举"一经登第，有的时候，很快就能授予官职，[1]这相当于按了仕途的一个"快进键"。

你别说，杜甫命挺好，赶上了。可是，放榜的时候，榜单就像个盲盒，杜甫顿时傻了眼：录取率为零！不光杜甫没上岸，所有考生全部"沉底"！如果说天下之大，无

---

[1] 傅璇琮《唐代科举与文学》，北京：中华书局2020年版，第146页。

奇不有，这简直是滑天下之大稽，简直是离天下之大谱！

02

考生全部落选，这在科举史上既史无前例，又骇人听闻。小时候，我就听邻居家老爷爷说过一句话，他说，皮裤套棉裤，必定有缘故。不是棉裤太薄，就是皮裤没毛。

杜甫这次又落榜了，啥缘故呢？谁的黑手在暗箱操作？

我们说，不管啥坏事儿，你捂得住火，但你捂不住烟。杜甫后来写诗，非常痛恨地回忆说："破胆遭前政，阴谋独秉钧。微生沾忌刻，万事益酸辛。"[1]杜甫告诉了咱，到底是谁导演了这幕闹剧。这个总导演，大家一点儿不陌生，就是李导——李林甫。杜甫说，当年李林甫执政，直教人闻之丧胆，他善于玩弄诡计，专权跋扈。杜甫怎么样啊？"微生沾忌刻，万事益酸辛"。杜甫说，我一介书生，偏偏受到他的嫉妒陷害，从此后，郁郁不得志，一把辛酸泪。这诗，并不是杜甫当时写的，当时敢写吗？只敢怒，不敢言。这下咱们就清楚了，这一届"高考"，杜甫不是

---

[1] 见唐代杜甫《奉赠鲜于京兆二十韵》。

文苑图卷
唐·韩滉
绢本、设色
北京故宫博物院藏

挥扇仕女图(局部)
唐·周昉
绢本、设色
北京故宫博物院藏

碰上了最强的对手，而是遭遇了最坏的宰相。

我们都知道，在中国古代皇权制度下，宰相这个角儿，一人之下，万万人之上，位高+权重。李林甫这个宰相，就更不得了啦，他不仅是"权相"，还是"媚相"，还是"奸相"。那大家是不是很纳闷，李林甫这手花招，到底是咋耍的呢？我也很纳闷啊。所以，我深挖了这段史料，我发现，李林甫也是想破脑袋想出的坏主意，他接连走了好几步棋，然后步步卡死：

第一步，制造：制造一个冠冕堂皇的借口。

李林甫咋说的呢，他说，这些考生啥出身都有，啥层次都有，十之八九都是井底之蛙，没见过世面，不懂得礼节，不能让他们一上来就直接面见皇上，再把皇上吓着，这叫"恐有俚言，污浊圣听"。李林甫这是要干啥？这个制举考试，名义上是天子亲试，当时称作"廷试"或者"殿试"，李林甫这么一说，就是想方设法把皇帝支开，不让皇帝靠近考场。

第二步，假造：假造一个貌似合理的程序。

这次考试，按照惯例，是先由各州、郡、县自己选拔，选拔上来之后，再来长安进行考试。可是呢，这些地方官，遵照李林甫的意思，把一些可能桀骜不驯者除名。啥意思呢？打个比方，这些考生不是都想"中大奖"吗？不等你中奖，李林甫提前把彩票就给你撕了。

第三步，营造：营造一个"严肃认真"的现场。

皇帝不是不参与了吗，那总得有人参与啊，李林甫就让御史中丞这些人，在"面子"上是郑重其事，而"里子"是敷衍了事。[1] 李林甫还是不放心，万一有"漏网之鱼"怎么办？

第四步，改造：改造一个"防不胜防"的考题。

这个制举，本来考的是策文，可是这回，李林甫临时换题，改成诗、赋和论，完全不在考生的复习范围之内。这李林甫该怎么向皇上交代呢？

第五步，编造：编造一个美其名曰的说辞。

李林甫的说法非常高级，叫作"野无遗贤，"[2] 大意是说，都说高手在民间，咱大唐的人才选拔工作，做得是相当到位，现在一个大贤都没落下，可喜可贺。

大家是不是又纳闷了，"野无遗贤"？按说，唐玄宗宁可相信天下有鬼，都不可能相信李林甫那张破嘴，对不对？不对，大家想一想，李林甫在宰相的宝座十九年屹立

---

[1] 天宝丁亥中，诏征天下士，人有一艺者，皆得诣京师就选。相国晋公林甫，以草野之士猥多，恐泄漏当时之机，议于朝廷曰："举人多卑贱愚聩，不识礼度，恐有俚言，污浊圣听。"于是奏待制者，悉令尚书长官考试，御史中丞监之，试如常吏。参见唐代元结著，孙望校：《元次山集》，北京：中华书局，1961年，第51页。
[2] 见后晋《旧唐书·卷一百六·列传五十六·李林甫传》。

不倒,就在于李林甫聪明,怎么个聪明?李林甫成了唐玄宗肚子里最聪明的那条"蛔虫"。李林甫拍马屁总是拍得刚刚好,从来拍不到马蹄子,他把皇上的意图揣摩得清澈见底,这次的"野无遗贤",也恰恰符合唐玄宗心理的"舒适区"。咱就说,李林甫这个家伙,谁不服?他不光把考生的"白名单",打入了"黑名单",还把自己见不得光的阴谋,光明正大地变成了阳谋。李林甫,其人可鄙,其罪可伐,其心可诛!

"微生沾忌刻,万事益酸辛"[1]。忌刻,就是嫉妒刻薄。大家是不是又纳闷了,李林甫怎么能嫉妒到杜甫头上呢?

因为制举考试,并不是皇帝一时心血来潮组织的考试,而是根据一定时期的政治需要。因此,考试内容与现实政治有关。这李林甫就害怕了,他怕啥呢?他怕有人写文章,讥讽朝政,怕有人揭他的短。大家要知道,到了开元后期,唐玄宗老了,怠政了,李林甫的权力随之达到顶峰。李林甫为了把大权牢牢攥在手中,绞尽脑汁,他整谁一把,坑谁一把,那都是"张飞吃豆芽——小菜一碟"。所以,李林甫嫉贤妒能,对这次考试横加阻挠,大肆干预。在这样的背景下,贤德之人怎么可能会被引进当朝呢?那杜甫呢?杜甫很无辜,他是躺着"中枪"的。

---

[1] 见唐代杜甫《奉赠鲜于京兆二十韵》。

03

我觉得，杜甫这辈子，如果咱们总结，他的第一个人生痛点，那就是幼时丧母；第二个人生痛点，就是天宝六载这场考试，李林甫通过一波极端无耻的"神操作"，使得杜甫在内的一众考生，在他的"指挥棒"下，无论你行、你不行，你好、你不好，结果，都是没有结果。

接下来咱们分析分析，杜甫当时是啥实力？他这次落榜又是多大的打击？

咱们往前倒，捋一下杜甫的成长轨迹："七龄思即壮，开口咏凤凰"，童年杜甫的才气，让大家领教了；"九龄书大字，有作成一囊"，我们仿佛看见，杜甫小同学，在那儿认认真真写字的样子，超酷，超可爱；"往昔十四五，出游翰墨场"，一个天天向上的少年，很猛，很阳光。从中我们可以看出，杜甫有一种非常积极的人生姿态，用今天的话说，我来人间一趟，必须发光发亮。

所以，杜甫读书非常刻苦。杜甫诗中有两句响当当的句子，大家非常熟："读书破万卷，下笔如有神。"[1]杜甫说他因为熟读万卷书，所以写起文章，"唰唰唰"，如

---

[1] 见唐代杜甫《奉赠韦左丞丈二十二韵》。

有神助。有读者就不买账了，说，杜甫继承了他爷爷杜审言的基因，吹牛有一套，不用打草稿。

我认为，真谈不上杜甫吹了多大的牛。为啥呢？

首先，文学的语言，不是科学的语言，我们不能去计算，万卷书有多少斤？有多少字？多少年能读完？杜甫读得完吗？

其次，我们得了解这两句诗的出处和语境，这首诗是杜甫写给韦济的。韦济这个人，官做得挺大，对杜甫也挺好。唐朝大盛干谒之风，所以这首诗，属于干谒诗。啥叫干谒诗？如果通俗地解释，干谒诗就好像今天的自荐信。杜甫给韦济写干谒诗，目的是为了让韦济引荐自己，求得进身之阶。大家想，要想取得别人的帮助，自己必须放下身段。你见过求人办事，还把头仰得高高的主儿吗？但同时，也要敢于给自己打广告，把自己最大化地"推销"出去。杜甫说"读书破万卷，下笔如有神"，与干谒诗的性质有一定关系。

第三，古人说的万卷，和今天意义上的万卷是不一样的。在杜甫之前，南北朝的颜之推，他自述读书"一日二十卷"，咱做个乘法，365×20，一年就是7300卷，只是一年工夫，距离万卷这个指标已经很近了。

还有呢，杜甫不光说自己读书破万卷，他也赞美别人读书多，比如，他赞叹一个人读书多，说他"群书万卷常暗诵"，用的也是万卷。[1]

所以，可以肯定，杜甫的阅读量是惊人的。杜甫到底读了多少书？大家有没有这样的阅读体验，如果你说零基础的读者，读李太白诗集，难度小，那么读杜甫的诗集，读几页就啃不动了。因为，李白有些诗，比方说，什么"五花马，千金裘"，什么"朝如青丝暮成雪"[2]，什么"抽刀断水水更流，举杯销愁愁更愁"[3]，这还用翻译吗？这都没法翻译啦。可是，读杜甫的诗，你得有一定的文字功底、文学底蕴，因为杜甫诗中的典故，那是多了去了。光是涉及的古籍，总计就有一百多部，《诗经》《楚辞》《礼记》《国语》《周礼》《左传》《论语》《孟子》《史记》《汉书》《孝经》《尔雅》《三国志》《山海经》《世说新语》《文心雕龙》，等等。所以，北宋的黄庭坚说，老杜诗"无一字无来处"。[4]没错，杜甫的诗需要你去咀嚼，再消化，不光进度慢，它的门槛相对也高。

缘于杜甫的"诗书万卷"，他的自信值非常高。杜甫

---

[1] 见唐代杜甫《可叹》："近者抉眼去其夫，河东女儿身姓柳。丈夫正色动引经，酆城客子王季友。群书万卷常暗诵，孝经一通看在手。"
[2] 见唐代李白《将进酒》。
[3] 见唐代李白《宣州谢朓楼饯别校书叔云》。
[4] 见宋代黄庭坚《答洪驹父书》。

诗中说"自谓颇挺出，立登要路津"[1]。凭着卓越挺秀的才华，杜甫高视阔步，踌躇满志。他以为自己这么优秀，学贯天人，胸藏韬略，一定很快能占据一个高位。可是，李林甫的负能量太大了。他把杜甫踏入仕途的一腔热血，浇了一个透心凉。后来杜甫写诗，痛苦地说，这就犹如一个人步步登高，一开始满目春光、心花怒放，哪承想从顶峰失足、一坠千丈。这像什么？这就有了咱们开头所说的"青冥却垂翅，蹭蹬无纵鳞"。[2] 我曾经想，又忠又诚的杜甫，遇上又歹又毒的李林甫，这算不算男人之间，别样的"遇人不淑"？

这么无厘头的事儿，听起来像个奇葩的段子，却成了扎心的事实！

杜甫的上升通道被关闭了，他不得不客居长安，四方奔走，过着物质和精神"双贫困"的生活。大家注意，从这个时候开始，杜甫越来越接近我们心中的杜甫了。杜甫惨到什么程度？大家看：

"此意竟萧条，行歌非隐沦。骑驴三十载，旅食京华春。朝扣富儿门，暮随肥马尘。残杯与冷炙，到处潜悲辛。"[3] 看看吧，那些达官显贵骑的是高头大马，杜甫则骑着一头

---

[1] 见唐代杜甫《奉赠韦左丞丈二十二韵》，"自谓颇挺出，立登要路津。致君尧舜上，再使风俗淳"。
[2] 见唐代杜甫《奉赠韦左丞丈二十二韵》。
[3] 见唐代杜甫《奉赠韦左丞丈二十二韵》。

瘦驴，奔波在长安的大街小巷。从公元735年杜甫首次参加进士考试算起，到他这次落榜，已经十三年了。谁不希望兴致盎然地与生活和解，然后精神抖擞地成为人生赢家？可是，无奈的现实总会逼你撕掉一些你不想撕掉的尊严。杜甫去求这个，见那个，早上敲过富豪的大门，晚上尾随肥马的灰尘，人家把喝剩的残酒分他一杯，把吃剩的冷肉分他一块。杜甫，道尽在外部感受的世态炎凉和自己遭受的精神内伤。

在古代，学子要步入仕途，无外乎以下几条路径：第一，科举考试，这是个主赛道，杜甫参加了，结果被刷；第二，干谒权贵，这是大唐的流行风，杜甫不是给韦济写诗了吗？他还给好多人都写过，结果不行；第三，进入幕府，杜甫实名羡慕，他也琢磨过，结果没戏。都说"条条大路通罗马"，可是，没有一条能到达。别急，几条大路全都堵死了，还剩最后一条羊肠小路，这是一条啥路呢？

04

四年之后，到了公元751年，这一年正月初一，皇帝接连三天举行三场盛大的典礼，祭祀太清宫，祭祀太庙，祭祀天地，杜甫又狠狠抓住了这个机会，这里存在啥机会呢？杜甫要献赋。

献赋能解决啥问题呢？大家要知道，在中国古代，献赋是有传统的。献赋具有歌功颂德、润色鸿业的政治功能。虽然献赋不是专门的一对一献给皇帝，但是肯定能上达天听。于是，杜甫适逢其时，献上三篇关于这三大典礼的赋，简称"三大礼赋"[1]。这三篇赋，杜甫怎么才能让皇帝读到呢？杜甫把这三篇赋，投进了一个邮箱，这个邮箱，可不是 E-mail，在唐代，它有个专门称呼，叫作"匦"（音 guǐ）。这个"匦"，是武则天时代的产物。武则天命人铸造铜制的箱子，称作铜匦。铜匦，就是一个四方形的盒子，它的内部有四个空间，四个空间对应四种颜色，东南西北，对应青赤白黑。不同的匦有不同的名，根据用途不同，分别叫作延恩匦、申冤匦、招谏匦、通玄匦。

那杜甫把三篇赋，投进哪个匦了呢？这得对号入座，不能投错了。凡是怀才抱器、希于闻达者，投寄奏表一类的东西，要投进"延恩匦"。这就是杜甫"投匦献赋"。

说起来杜甫真的太难了。杜甫后来坦言，这次写"三大礼赋"，一方面，出于迫不得已，自己栽过跟头、碰过壁，日暮途穷；另一方面，求官心切，孤注一掷。投匦献

---

[1] 指《朝献太清宫赋》《朝享太庙赋》和《有事于南郊赋》三篇赋作。

赋，似乎成为杜甫最后一根希望的稻草。那杜甫献上"三大礼赋"，总不能竹篮打水一场空吧？皇帝是啥反应呢？皇帝一看非常"酸爽"，因为这三篇赋真会"卡点"，就卡在给他粉饰这次典礼的点上。赋写得也不错，除了对君主、对唐王朝的赞扬，对各种祭祀场面充满神话色彩的想象，还有对"三大礼"壮观场面的铺排。赋作又好，时机又妙，正对皇帝的胃口。皇帝看完，让杜甫在集贤殿书院等待诏令，随后派宰相临时出题，等于让杜甫进行了一场"加试"。皇帝这是在搞啥动静呢？很显然，皇帝相中杜甫，看好杜甫，准备提拔他，任命他。要说杜甫不激动，那是没有的事儿，杜甫晚年写诗回忆过。他怎么说的呢？

杜甫说："集贤学士如堵墙，观我落笔中书堂。"[1] "中书堂"是哪呢？唐朝不是"三省六部制"吗？三省是尚书省、中书省、门下省，这个"中书堂"，就是中书省的大堂。杜甫的意思是说，他献上"三大礼赋"之后，皇帝青眼有加，集贤学士刮目相看，他写文章的时候，围观者密度太大，集贤院一大帮学士们，围得像堵墙一样。大家想，集贤院里面的人，个顶个不是等闲之辈，所以，这次待制集贤院，堪称杜甫人生的高光时刻。后来，每当杜甫一代入到这个场景，似乎所有的狼狈瞬间治愈。

---

[1] 见唐代杜甫《莫相疑行》。

可是,高光归高光,这"三大礼赋",还是没有马上照亮杜甫的仕途。虽然洋洋洒洒的赋作,深得圣上之心,但这次待制集贤院,仍然招致一些小人七嘴八舌,说三道四,信口雌黄,妄加议论。最终的结果是啥呢?概括来说,八个字:"送隶有司,参列选序。"啥意思呢?就是给了杜甫一个资格,杜甫的名字,被列入候选人名单,上交政府备案,等候分配。换句话说,杜甫相当于入围了朝廷预备官员"人才库",这是杜甫距离成功最近的一次,大有梦想成真的喜悦。可是,"送隶有司,参列选序",杜甫仅仅是获得了一个"出身",他还要参加吏部铨选。

大伙儿要知道,这个时候杜甫多大了?杜甫已经四十岁。杜甫巴不得下一秒走马上任,这眼瞅着官职就是不能兑现,他心急火燎,真是急救车撞了救火车——急上加急。杜甫不想等,也得等,等啊等,等啊等,杜甫又等了四年。都说"好饭不怕晚,良缘不怕迟",虽然迟,但是到了。杜甫等来一个多大的官呢?

捌

奉先咏怀

"安史之乱",是否有迹可循?
它是历史的偶然还是必然?
杜甫用一首长诗,
给了我们一个诗人观察现实的视角。
那么,杜甫这首洋洋五百字的名篇,
为后世记录下怎样的历史实况?
这场改变历史走向的惊变,
又是如何成就杜甫诗家地位的呢?

【文前按语】

公元755年,对于整个大唐来说,是从历史的巅峰跌落的一年。此前,上至天子群臣,下至黎民百姓,还沉浸在一片盛世祥和的氛围中,直到"渔阳鼙鼓动地来",所有人的生活都发生了剧变。这场改变大唐气象、也改变了唐人命运轨迹的"安史之乱",是否有迹可循?它是历史的偶然还是必然?杜甫用一首长诗,给了我们一个诗人观察现实的视角。那么,杜甫这首洋洋五百字的名篇,为后世记录下怎样的历史实况?这场改变历史走向的惊变,又是如何成就杜甫诗家地位的呢?

01

首先呢,咱们大伙儿来拿个主意。如果有一份快递到了,这"买家秀"和"卖家秀"不是有差别,那是天差地别,我们可以退货呀。那如果有一份工作到了,这份工作,又是我们来之不易、求之不得的第一份工作,我们还会"退货"吗?杜甫就"退"了。那大家是不是和我一样不能理解,杜甫这么不珍惜,难道是就业太容易了吗?

杜甫自打三十五岁开始,为求功名西入长安。可是当时,口蜜腹剑的李林甫就如同威力最强的"毒株",让所有考生中招。杜甫三十六岁参加的制举被李林甫一出鬼把戏彻底断送。我们东北有句老话,说"粥热你得转着喝"。那杜甫咋不转一转,想想招儿呢?我要告诉大家,杜甫能想的招儿全想了,那真是上下求索,煞费苦心。

要说杜甫在长安的朋友圈,绝对是一个"极品"朋友圈,"通讯录"上不是高官就是能人,不是王爷就是驸马,杜甫求这个,拜那个,写了好多干谒诗,他好想依靠一棵参天大树,可是结果怎么样呢?靠山山倒,靠水水流,靠人人跑,纵使满腹理想,终究不敌现实。杜甫努力向上走,可他的人生曲线却是一条下行线。长安杜甫向往的城,也是杜甫拼搏的城,更是杜甫伤心的城。

从杜甫这辈子来说，困守长安时期，这是他人生的转型期，也是他人生的迷茫期，关键这个迷茫的周期还特别长！杜甫一直迷茫到了四十四岁。杜甫终于等来了第一份工作，这是个啥工作呢？河西尉。

河西尉也就是河西县的县尉。杜甫想了想，河西尉？还是算了吧。那已经到手的工作，杜甫为啥还要把它扔掉呢？这其中的原因，我把它概括为三个"不符"：

第一个"不符"，与杜甫的官阶预期不符。唐代的官职它是分品级的，一共是九品三十级，在品级当中又分正品和从品，正品从品当中又分上和下。那杜甫这个河西尉呢？它是从九品下，看出来了吧，它处于唐代官员品级的末端，也就是咱们通常所说的芝麻官儿。

那杜甫的官阶预期在哪一层呢？如果往低说，杜甫透露过，他说他很想跟他爷爷一样，成为皇帝身边的文学侍从。杜甫的爷爷杜审言当过著作郎，这个著作郎是从六品上。如果我们往高说，那杜甫的理想就太高了，"致君尧舜上，再使风俗淳"[1]。杜甫要辅佐像尧舜那样的明君圣主，他要成为他们的治世能臣。从这一点来讲，杜甫跟李白的人生目标在同一个高度，李杜都想当宰相。不过呀，大家注意，李杜想做宰相，他们都不是为了自己。你看，杜甫说

---

[1] 见唐代杜甫《奉赠韦左丞丈二十二韵》。

"再使风俗淳",李白说"使寰区大定,海县清一"[1],他们的落脚点最终都落在了社稷民生。其实呢,杜甫心里头也是一清二楚啊,这当宰相哪有"直通车"啊?所以,对河西尉这个官儿,杜甫心里头虽然有心理落差,但这不是杜甫最跨不过的一个坎儿。

第二个"不符",与杜甫的"职业规划"不符。要说县尉这个官,唐代很多文人都当过,这是个起步官。[2] 别看这个官不大,但是事儿挺杂,什么抓坏人啊、催赋税啊、维持治安啥的,反正一大堆的活,差不多常年在一线现场办公,是比996还要狠的作息节奏。

咱们举个例子。比方说高适,高适当过封丘尉,要问高适的职场体验如何,高适的心都要碎了。高适在诗中说:"拜迎长官心欲碎,鞭挞黎庶令人悲。"[3] 在唐代县级政府的行政机构当中,县尉他是个副手,因为在县尉头上还有个"头儿",一把手是县令。所以,想把这个县尉当明白,你得会玩 AB 两面,你得学会一秒变脸。怎么变?对上往死里巴结,对下往死里欺压。所以,县尉这个官真心不好干,真心干不了,正直之士忍无可忍。后来,高适干

---

[1] 见唐代李白《代寿山答孟少府移文书》。
[2] 比方说:綦毋潜——宜寿尉,皇甫冉——无锡尉,沈传师——户县尉,独孤及——华阴尉,孙逖——山阴尉,严维——诸暨尉,高适——封丘尉。
[3] 见唐代高适《封丘作》。

脆撂挑子了，"裸辞"。

杜甫拒绝河西尉，他是咋说的呢，他说："不作河西尉，凄凉为折腰。老夫怕趋走，率府且逍遥。"[1]大家看，这里出现了一个关键词，"折腰"。这个用典非常明显，是谁说过"吾不能为五斗米折腰"？[2]陶渊明嘛！所以杜甫的意思和高适的意思一样，他之所以很纠结，也是不愿意一天到晚迎来送往，卑躬屈膝，听着别人发号施令。曲意逢迎，趋炎附势，这不是杜甫的性格；欺凌黎庶，盘剥百姓，这不是杜甫的人格。所以，杜甫不想干，杜甫不能干。

第三个"不符"，与杜甫的工作地点要求不符。从工作地点来说，这个河西县离京都很远。河西尉是个地方官。我们知道，长安作为大唐王朝的"心脏"，那是无数士人理想变现的一个"制高点"。他们歌颂长安，心系长安，梦萦长安，所以，杜甫既要争取走进长安，又要争取留在长安。杜甫一心想留在长安，一心想成为皇帝的近臣。

都说"念念不忘，必有回响"，这个时候，杜甫的命运也似乎出现了转机。杜甫又等了一段时间，等来了一个新的职务，叫作"右卫率府兵曹参军"，也有说"右卫率府胄曹参军"的，虽然这俩官名长得挺像，但到底哪个更贴切呢？

---

[1] 见唐代杜甫《官定后戏赠》。
[2] 见《晋书·陶渊明传》。

02

关于杜甫他好不容易熬了一个什么官儿，通常的说法是"右卫率府胄曹参军"[1]。大家听，"右卫率府胄曹参军"，为啥前面有个"右"呢？唐朝很多官职，都分左右，比方说，左丞相右丞相、左拾遗右拾遗，率府也分左卫率府、右卫率府。率府，相当于首都的卫队，根据唐代的官制，兵曹参军的主要岗位职责，就是看守兵甲器杖，掌管军需物品的钥匙，说白了，杜甫就是仓库管理员。难怪有人调侃说，这个官约等于孙悟空的弼马温。那我就纳闷了，一个看门大爷，还用得着"读书破万卷"吗？还用得着"下笔如有神"吗？这是要当"扫地僧"吗？

尽管"右卫率府兵曹参军"和"右卫率府胄曹参军"，只是一字之差，但我更相信是"右卫率府兵曹参军"，为啥呢？因为这是杜甫说的，这是杜甫在自己诗里做的一个注，[2] 要是我们连杜甫本人都不信，我们还有可信的人吗？这个右卫率府兵曹参军，可不是管钥匙的，他掌管士兵的簿账、文书，等等。[3] 这和杜甫的文人身份契合度就很高了。那这个官大不大呢？从八品下，比河西尉大了一点点。毕竟，右卫

---
[1] 见唐代元稹《唐故工部员外郎杜君墓系铭》，《新唐书》。
[2] 见唐代杜甫《官定后戏赠》（原注：时免河西尉，为右卫率府兵曹）。
[3] 见《旧唐书·卷四十二·志二十二》簿帐，就是账簿，官署中的文书簿册。

率府兵曹参军是个京官，虽然上不可酬志，但是下可以养家，杜甫这回没再"拒收"，接受了这个官职。

不管咋说，杜甫总算找到工作了，接下来，杜甫回了一趟家，这就是非常有名的"杜甫探家"，那怎么一个探家，还出了名呢？

【编者语】

天宝五年，怀抱着"致君尧舜上，再使风俗淳"理想的杜甫，渴望"立登要路津"，但事与愿违，他屡受挫折，甚至生活难以为继。杜甫亲身体验并接触了黎民的苦难，洞察了"朱门务倾夺，赤族迭罹殃"的社会矛盾，终于在天宝十四年的回乡路上，完成了一部划时代的杰作。杜甫从诗人到诗圣的轨迹，也在这部作品中得到了见证。谁能想到，此时诗中那个"穷年忧黎元，叹息肠内热"、看似又拙又愚的老头儿，正在完成一次生命中至关重要的转身，或者说是一次涅槃，为民鼓与呼，他的封圣之路就此在脚下展开。

咱们都知道"长安居，大不易"，所以呢，杜甫这个时候他是一个人住在长安，老婆孩子全住在奉先。奉先，就是今天陕西省的蒲城县。杜甫好久没回家了，尤其是这回，这右卫率府兵曹参军也上岗了，杜甫高低得回家团聚一下了。

那这是哪一年呢？公元755年，具体来说，是在十月、十一月之间。这不仅是个冬天，而且是个寒冬，杜甫他又是在大半夜出发的，那咱们就可想而知，夜间的气温该有多低。杜甫诗中说，他出门的时候，狂风呼啸，这大风，好像能把山冈的石头吹裂。再看天空，天空阴云密布，黑压压像大山一样压下来。长安大街阴森森的，杜甫孤零零一个人往前走，实在太冷了，走了一会儿，满身寒霜。杜甫就这么一抖搂，衣服的带子冻断了，他呢，想把它接上，可是这手指头冻僵了，根本回不了弯。杜甫后来把他途中所有的经历、所有的感慨都写进了诗里。我诚意推荐大家一定读读这首诗，我想强调的是，从这个时候，杜甫的诗一步步有了"诗史"的模样，杜甫的人一步步有了"诗圣"的模样。这首诗写得非常好！何以证明呢？

在文学史上，有三篇文章非常著名，被称作"催泪文"，谁读谁得哭。第一篇，诸葛亮《出师表》；第二篇，李密

《陈情表》；第三篇，韩愈《祭十二郎文》。[1]那杜甫呢？杜甫有两首诗非常著名，被称作"催泪诗"。这两首诗，诗评家给的评语是："肝肠如火，涕泪横流，读此而不感动者，其人必不忠。"[2]说起来，杜甫这两首诗，好是真好，但长也是真长。多长呢？一篇五百字，一篇七百字。咱们现在说的就是五百字这篇，就是杜甫回奉先写的这篇，诗的全名就叫：《自京赴奉先县咏怀五百字》。

《自京赴奉先县咏怀五百字》，是杜甫的一篇大作文，咱们要品读它，必须有大耐心才能收获大感动。那杜甫写了五百字的长诗，这五百字啥内容呢？传统的解读方法是分段法，最多的把这首诗分成了十段。我觉得，这首诗，咱们只需要抓取三个大问题就够了：

第一个大问题：杜甫怎么样？杜甫——"拙"与"愚"。

在这首长诗当中，杜甫首先给自己画了个像，他反反复复地说自己如何如何，如何如何。最核心的两点：一个是"拙"，一个是"愚"。我们看，杜甫开篇写道："杜陵有布衣，老大意转拙。许身一何愚，窃比稷与契[3]。"大家注意，杜甫在长安时期，他给自己亮出来的身份要么是野老，要么是布衣，你看，杜陵野老、少陵野老、杜陵

---

[1] 见宋代赵与旹（同"时"）《宾退录》。
[2] 见清代仇兆鳌《杜诗详注》。
[3] "契"读音"xie"四声。

布衣、长安布衣。

那杜陵和少陵指的是哪呢？咱们都知道，这长安不是十三朝古都吗？最有名就是汉朝和唐朝的都城。所以，长安附近有很多皇家贵族的陵墓。杜甫当时住的地方就靠近杜陵和少陵，也就是说靠近汉宣帝和许皇后的陵墓。那"布衣"强调的是啥呢？布衣说明杜甫不是达官显贵，他是平头百姓啊。古代贵族穿布衣吗？人家穿的是绫罗绸缎。那"野老"又说明啥呢？说明杜甫和山野村夫没啥两样。杜甫当时住在长安郊区，杜陵这块儿杜甫有房、有地，他可以种豆、种瓜，所以他说，自己就像个老农。

杜甫多大岁数了？这个时候杜甫已经四十大几，人生行程不是过半，而是过了一大半。那杜甫精不精明啊？圆不圆滑呀？杜甫说他不仅不精明，不仅不圆滑，而且越老越倔，越老越轴，总去钻一个钻不过去的牛角尖，这就叫"老大意转拙"。那到底是哪个心结让咱们的杜甫解不开，使他变得越老越固执了呢？

"杜陵有布衣，老大意转拙。"杜甫之所以拙，是因为他很"愚"。"许身一何愚，窃比稷与契。"大家注意，杜甫用了"许身"这个词，这个词用得太妙了！为啥我说他用得太妙了呢？因为提到以身相许，通常是说男人还是说女人的？是说女人的呀。可是男人呢？男人也能许身呐。

这辈子 杜甫 一览众山小

虢国夫人游春图(局部)
唐·张萱
宋代摹本
绢本、设色
辽宁省博物馆藏

《史记》有这样一段话:"贪夫徇财,烈士徇名,夸者死权,众庶冯生。"[1]啥意思呢?贪得无厌之人把自己许给了钱财,胸怀大志之人把自己许给了名节,作威作福之人把自己许给了权势,芸芸众生只知道顾惜自己的生命。那杜甫呢?杜甫说,"许身一何愚,窃比稷与契"。杜甫没把自己许给名、许给利、许给钱、许给权,杜甫把自己"对标"了两位大贤,一个是稷,一个是契。

那咱们就得刨刨根、问问底,这个稷与契是谁呢?传说,这个稷教人种庄稼;又传说,这个契曾经协助大禹治水。后稷说,如果有一人挨饿,我就有责任,大禹说,如果有一人淹死,我也有责任,这就像我自己饥饿、就像我自己溺水一样,这叫"己饥己溺"[2]。那杜甫说"窃比稷与契",说明啥?说明杜甫心怀天下,这是一种高度的责任感。

这里的问题是,稷也好,契也罢,他们身居高位,他们有这样的责任感理所当然。杜甫不一样啊,如果按照"不在其位,不谋其政"[3]的常理来说,没人向杜甫问责呀,更没人向杜甫追责呀,杜甫当然也不必担责呀。可是杜甫说,我必须要担这个责,虽然我的理想现在落空,不是人死之

---

[1] 见西汉司马迁《史记·伯夷列传》。
[2] 见《孟子·离娄下》:"禹思天下有溺者,由己溺之也。稷思天下有饥者,由己饥之也。"
[3] 见《论语·泰伯》。

后才盖棺定论吗,所以我仍然希望有生之年理想成真。[1]

接下来,诗中几句话,是当年课本里头画了红色波浪线的话:"穷年忧黎元,叹息肠内热。取笑同学翁,浩歌弥激烈。"

"穷年忧黎元,叹息肠内热。"杜甫说,一年到头,我一直都为老百姓担忧,一想到那么多人饥寒交迫,我的肚子里面就好像有团火在燃烧,非常难过。"穷年忧黎元,叹息肠内热。"杜甫就这么"拙",就这么"愚",他要上辅尧舜、下救黎元。所以,杜甫也遭到过"群嘲"啊:"取笑同学翁,浩歌弥激烈。"老杜的同学就说了,说老杜啊,你别整天咸吃萝卜淡操心,愁了这个愁那个。杜甫呢?说不说是他们的事儿,听不听是杜甫的事儿,杜甫不光听不进去,人家越嘲笑他,他还越来劲儿,"浩歌弥激烈",死脑筋,不开窍。

那说到这儿,咱们是不是见证了一个轨迹?这个轨迹就是杜甫是如何如何渐变,最后变成了伟大的杜甫。这是一种什么精神?这是一条道走到黑的精神,这是九头牛拉不回的精神!"穷年忧黎元,叹息肠内热。"我们说,这个时候的杜甫,看似一个又拙又愚的老头儿,其实,他已经升华为忧国忧民的"诗圣"。

---

[1] 见当代杜甫《自京赴奉先县咏怀五百字》,"居然成濩落,白首甘契阔。盖棺事则已,此志常觊豁。"

【编者语】

人，尤其是诗人，生活在一个动乱的时代，是非常不幸的，从某种角度看，杜甫就有着这样的"不幸"。他敏感细腻，能够察人所未察，因此他会比常人更多一分苦涩与悲情。但这样的时代，却也最能触动诗人的激情，由此写出不朽的诗句，所谓"国家不幸诗人幸，赋到沧桑句便工"。童年的无羁，少年的才华，青年的漫游，乃至中年的客居长安为稻粱谋，杜甫的前半生，仿佛为他后半生的超越，积淀了各种甘苦欢忧。天宝十四年的这次回乡路，杜甫将完成个人从诗体到诗境的超越，在这种超越中，他为后世奉献了什么样的名篇佳制？

03

咱们不是说杜甫回家吗？不是回奉先吗？杜甫走到哪了呀？杜甫走出五六十里了。凌晨时分，杜甫来到骊山脚下。

这就有了第二个大问题：朝廷怎么样？朝廷——"奢"

与"侈"。

"凌晨过骊山",杜甫一个长镜头就转到了山上。山上都有谁?他们在干吗?要说骊山可是个好地方,这相当于"皇家5A级度假村",集疗养、观光、休闲、游乐于一体,"春寒赐浴华清池,温泉水滑洗凝脂",这是白居易笔下"贵妃浴"的发生地呀。唐玄宗呢,那个时候差不多每年冬天,他都要携贵妃来这儿度寒假,短则一个黄金周,多则半月二十天。所以,杜甫在这首诗里,他写到华清宫外围的保安,里边的温泉,梨园弟子的奏乐,还有起舞的美人和穿貂的高官。那他们吃的是啥呢?"劝客驼蹄羹,霜橙压香橘。"[1]看看吧,砂锅里面那是骆驼掌蒸制的驼蹄羹。水果呢,是霜后的橙子,芬芳的香橘。可是杜甫啊,一想到水深火热的大众,他的心里就开始发射无数的"弹幕"。诗人的笔蘸好"辣椒水"了,惊心动魄的十个字喷涌而出:"朱门酒肉臭,路有冻死骨!"一边是珍馐美味,吃不完,吃不动,一边是穷苦百姓吃不饱,吃不着,冻死、饿死,无人埋葬!几步之遥,两重天地。大家说,什么是真正的眼界?我以为,真正的眼界一定是见到过顶层的纸醉金迷,也见到过底层的凄风苦雨。

"朱门酒肉臭",杜甫这句诗已经非常给力了!可是

---

[1] 见当代杜甫《自京赴奉先县咏怀五百字》。

近几年，对于这句诗的读音竟然出现了争议。有人就说了，说杜甫这次回奉先不是在冬天吗？咱们也刚刚说过。你说这大冬天，肉怎么还能臭啊？所以，这个"臭"，你不能读作臭（chòu），你得读作臭（xiù），啥意思呢？就是指气味。也就是"朱门酒肉臭"，杜甫的意思是富贵人家的酒肉飘香，所以读作臭（xiù）。如果读作臭（xiù），我同意。但是如果这是个单选题，读作臭（chòu），我更同意。要问依据是啥？我只列出三条主要依据：

第一，典故依据。在《艺文类聚》里边有个典故，它说的是啥呢？说楚庄王要攻打宋国，当时是"厨有臭肉，尊有败酒"。可是将士们怎么样？"三军之士皆有饥色"。大家看，楚国的厨肉多到"臭而不可食"，尊酒多到"败而不可饮"，这不就是"朱门酒肉臭"吗？

第二，史实依据。我翻了一下《资治通鉴》。《资治通鉴》中有这样一则史料：就在杜甫写这首诗的前几年，王公贵族、皇亲国戚竞相向皇帝进献食物，当时进献的美味佳肴多达数千盘，这一盘的费用就等于中等人家十户的财产。这是啥规模呢？正好有个官员退朝，他赶上了公主在进献食物，只见数百人举着棍棒走在前面，哎哟，这个官员还差点挨了他们的打。所以大家想想，杜甫说，"朱门酒肉臭"真的很夸张吗？

第三,诗话依据。清代有个学者叫赵翼,他在《瓯北诗话》当中,对杜甫的诗是这么评价的,他说别人写诗,不过说到七八分,杜甫一定说到十分,甚至说到十二三分。没错!所以,如果杜甫只是不疼不痒地说说酒肉的"气味",那肯定不到火候,这种轻飘飘的表达能是杜甫想要的沉甸甸的批判吗?只有酒肉堆积如山,腐败变质,它和大路之上的饿殍载道才产生强烈的对比,才吻合杜甫当时写诗的心境。

第三个大问题:奉先怎么样?奉先——"贫"与"惨"。

如果说,杜甫这次探家,他的行程可以分为两段的话,那么从长安到骊山可以算作第一程,这一程主要是山路艰险。从骊山再到奉先,可以看作是第二程,这一程主要是水路难行。

杜甫过了一个渡口,这是泾水和渭水交叉的渡口。在封冻之前,河水带着大量的冰凌汹涌而下,杜甫看到这个场面,不禁想起"共工怒触不周山"的神话。诗人就开始担忧,他担忧这奔腾的大水会不会把天柱冲断呢?"疑是崆峒来,恐触天柱折。"[1]天柱将折,是不是暗指国家将覆?大唐王朝的天柱,是不是已经处于一冲即折的边缘?

我要告诉大家,杜甫不是预感,而是预言。因为杜甫

---

[1] 见唐代杜甫《自京赴奉先县咏怀五百字》。

在长安期间，就写过《丽人行》等很多作品，他已经敏锐地洞察到盛世危机的到来。而且，从史实来看，杜甫途经骊山的时候，安禄山已经起兵范阳，鼓噪而下，只不过，这一消息这个时候还没传到长安，然而天下乱象已成。杜甫经过这儿的时候，这块儿有座桥，这个桥没被冲塌，但是已经非常危险了，一点儿都不牢固，人走上去发出"吱吱呀呀"的声音，好多人需要互相搀扶着才能走过去。

杜甫快到家了。诗人一想到自己的老婆孩子，百感交集，我们看："老妻寄异县，十口隔风雪。谁能久不顾，庶往共饥渴。"[1]大家注意，杜甫的妻子，这是第一次在老杜的诗中出现，他妻子是个什么形象？"老妻"的形象。其实，这个时候，杜甫所说的"老妻"才三十几岁。妻子寄居奉先，杜甫身在长安，漫天风雪，把一家人隔绝两地。家人过着艰苦的日子，杜甫说，"谁能久不顾"，我又怎能长久地不管不顾呢？但是大家还要注意，杜甫没有说，"待我高头大马，许你富贵荣华"。杜甫怎么说的，他说"庶往共饥渴"，他说哪怕以后我们仍然要挨饿、要受冻，但是我希望，我们饿也饿在一起，冻也冻在一起。但是即使这么卑微的愿望，杜甫都没能如愿。

杜甫到家后，第一时间发生了什么事？大家都知道，

---

[1] 见唐代杜甫《自京赴奉先县咏怀五百字》。

这是我们最不想提起的一个情节。杜甫刚进门就听到哭声，他的小儿子饿死了，就连邻居们都悲伤不已。杜甫呢？杜甫说不出来话，他只有深深的愧疚。可是，我要说，杜甫都已经这样了，这个时候在他的心里，又"置顶"了谁？杜甫心里想，自己是官宦之家，不用缴赋税，不用服兵役，一个享受优惠政策的家庭，尚且落到了这般田地，那些离散的农民，那些守边的士兵，他们又该怎么活！杜甫想到普天之下所有弱势群体的不幸："默思失业徒，因念远戍卒。忧端齐终南，澒洞不可掇。"[1]

想到这儿，杜甫的忧愁层层往上积压，积压得越来越多、越来越厚，就像终南山一样，高耸入云，绵亘无边。这不就是开头所说的"穷年忧黎元，叹息肠内热"吗？至此，五百字戛然而止。

---

[1] 见唐代杜甫《自京赴奉先县咏怀五百字》。

【编者语】

杜甫晚年形容自己写诗是"为人性僻耽佳句，语不惊人死不休"，《自京赴奉先县咏怀五百字》这首彪炳文学史、杜甫"成圣"的奠基之作，看似闲叙家常，不很用力，在不知不觉中将叙事推至尾声，却映射出杜甫的至诚儒家情怀和至高人格境界。杜甫从自己生活的坎坷，推及社会群体的忧欢，又由万民的哀乐，推定一国的兴衰。五古长篇的扛鼎之作，固然与文字的巧思密不可分，但真正成就一个诗人的，一定是思想的高度，是见识，是信念，是内心的悲悯。在这一叹三咏五百字的长诗中，我们可以读出作为儒家知识分子的杜甫，拥有怎样的内在崇高与道德良知！

大家说，杜甫平凡不？很平凡。杜甫伟大不？真伟大。我们之所以说杜甫平凡，是因为杜甫写这首诗的时候，他还是普通得不能再普通的"公务员"。我们之所以说杜甫伟大，第一，杜甫从一次平常的探家，就朦胧地意识到大唐虽然披着盛世的外衣，但是各种矛盾已经到了总爆发的临界点,一个辉煌王朝开始风雨飘摇;第二,杜甫中年丧子,可是他不以己悲为悲,不以己痛为痛,他仍然牵挂着那些"失业徒",他仍然牵挂着那些"远戍卒"。杜甫这个时候,已经代表了社会的良心,长安苦难的岁月和诗人喷薄的才情相互融合,酝酿了杜甫成为"诗圣"的巨大潜能。

《自京赴奉先县咏怀五百字》,这是唐代五古长篇的扛鼎之作。有诗评家说,这是老杜诗集当中一篇大文章,见得老杜平生大本领。[1]这个评语评得真好!但如果让我总结,我觉得,这五百字堪比是五个角度的五篇书信。

第一,这是一篇披露诗人心迹的告白书:"杜陵有布衣,老大意转拙。许身一何愚,窃比稷与契。"

第二,这是一篇表达人生理想的宣言书:"穷年忧黎元,叹息肠内热。取笑同学翁,浩歌弥激烈。"

第三,这是一篇鞭挞社会不公的抗议书:"劝客驼蹄羹,霜橙压香橘。朱门酒肉臭,路有冻死骨。"

第四,这是一篇感怀世道离散的亲情书:"老妻寄异县,十口隔风雪。谁能久不顾,庶往共饥渴。"

第五,这是一篇抒发悲悯情怀的苦难书:"默思失业徒,因念远戍卒。忧端齐终南,澒洞不可掇。"

我们说,杜甫好不容易熬了一个小官,按说他多多少

---

[1] 讲清代杨伦笺注《杜诗镜铨》卷三。

少有点开心吧。可是，我们看，杜甫发京师，过骊山，就泾渭，抵奉先，走完全程，不见诗人一丝一毫的开心。这五百字，杜甫夹叙夹议，感慨成文，迭开迭合，排荡顿挫。这五百字，没有一处闲笔，言言深切，字字沉痛：眼中，是天柱折；朝中，是酒肉臭；路中，是冻死骨；家中，是幼子卒。

从杜甫这辈子来讲，杜甫回家不过是他一生当中的一个瞬间，但是我们真的要感谢杜甫回家。杜甫一共两次回家，两次回家留下了两篇经典之作。[1] 这次呢，杜甫从长安赶往奉先，已经预感到大厦将倾，山雨欲来。而当杜甫从奉先再返回长安，这个时候大厦已倾，山雨已来，安史叛军的鼙鼓已在渔阳敲响。天下大乱，杜甫下一步又该往哪里去呢？

---

[1] 指的是回奉先和回鄜州羌村。

玖

望月怀人

杜甫有着怎样的婚姻与爱情？
「大都世间,最苦唯聚散」的
别情又会被他怎样书写呢?

【文前按语】

众所周知,杜甫有"诗圣"之名,但他还有一个"圣名",却鲜为人知,那就是"情圣",这是梁启超先生惠赠的。杜甫的"情",跃动于他的几乎所有诗篇中。仅月夜怀人,就有"露从今夜白,月是故乡明",这是月夜思念弟弟,"落月满屋梁,犹疑照颜色",这是月夜梦见李白。中国传统知识分子,讲究修、齐、治、平,我们看到的杜甫,一辈子忧国忧民,有着强烈的现实关怀,那是"治国",是"平天下",是男儿的豪情。但杜甫还有另一种"情",杜甫有着怎样的婚姻与爱情?"大都世间,最苦唯聚散"的别情又会被他怎样书写呢?

01

提到杜甫和杜甫的诗,咱们通常会觉得杜甫和杜甫的诗一样悲惨,悲惨到让我们想哭。是的,杜甫这辈子,尤其是杜甫后半段的生活,真的就好比泡在黄连里。可是呢,杜甫的爱情却像蜜汁,有点甜。我估计说到这儿,很多人都会打个问号。那如果老杜"秀恩爱",能不能跳戏呀?跳不跳戏,读者说了算。大家看:

> 今夜鄜州月,闺中只独看。
> 遥怜小儿女,未解忆长安。
> 香雾云鬟湿,清辉玉臂寒。
> 何时倚虚幌,双照泪痕干。[1]

这首诗的题目叫《月夜》,仅凭"月夜"这俩字,氛围感瞬间拉满。为啥呢?要说月亮真是个神奇的东西,它能承载孤独,它能象征高洁,它能启动乡愁,它能表达聚散,它能见证永恒,尤其它能寄托思念。因此,月亮这个意象,被默认为是相思的最好媒介。在诗歌史上,望月思乡、望月寄远、望月怀人,这一大类的主题,被诗人不断地写、

---

[1] 见唐代杜甫《月夜》。

反复地写，进而这个主题成了一个母题。杜甫这首《月夜》呢，当然也没跑开这个圈儿。当杜甫举头望明月，诗人开始想家了，想孩子，想老婆。简单地说，都是"月亮惹的祸"。

我最早知道杜甫这首诗，还是在初中。同桌告诉我，这首诗的作者是杜甫，我是断断不信的。理由是啥呢？因为读老杜的诗，我会感到虐心，我同桌说，她会感到胃疼。所以，那个时候，我心里的夜，只有石壕村的夜，"暮投石壕村，有吏夜捉人"；我心里的夜，只有茅屋为秋风所破的夜，"自经丧乱少睡眠，长夜沾湿何由彻！"因此，任何甜美的"画风"，我觉得和杜甫都不搭。

《月夜》这样的爱情诗，在《杜甫诗集》当中它是非常冷门的一个类型。那首《月夜》呢，它是五律、四联，我们要想品出它的味道，需要像品茶一样，细细地品。接下来呢，咱们围绕这四联提出四问：

第一问：为啥是"今夜鄜州月，闺中只独看"？

这首诗的首联，杜甫一起笔，是从妻子的角度开始"起"的。关于杜甫的妻子，上一讲杜甫探家，妻子已经出场了，这一讲算是隆重出场，按说咱们应该隆重介绍才对。不过，相关史料，少之又少，在很少的史料里，还有很多不靠谱。一个靠谱的说法是，杜甫的妻子姓杨，杨氏，我们可以叫她杨夫人。杨夫人这个杨氏是哪个杨氏呢？弘农杨氏。弘农杨氏，非常不得了，这是天下杨姓第一望族。比方说，曹操的谋士杨修，隋文帝杨坚，杨贵妃的族兄杨国忠，这些杨家人，都是弘农杨氏。杨夫人是司农少卿杨怡的女儿，当然也是世代书香，名门闺秀。[1]

"今夜鄜州月，闺中只独看。"那杨夫人为啥一个人身在鄜州，她怎么成了大唐的"留守妇女"？我们需要捋一捋这条时间线。《月夜》写于756年。安史之乱的始发年是哪一年？755年。安禄山从范阳起兵，鼓噪而下。安史之乱，大幕开启。这个时候，杜甫在哪呢？

咱们上一讲讲了，在安史之乱即将发生的那个时间节点，杜甫的家人还在奉先，杜甫从长安回了一趟奉先，转过年，杜甫又从奉先返回长安。要说杜甫这辈子多难！他在长安等了十年，刚刚等来一个小官，同时也等来了一场大乱。"安史之乱"，相当于盛唐一场巨大的政治"地震"。

到了756年的五月，形势变得严峻了，严峻到什么程度？安史叛军兵锋所指，向潼关逼近，离首都越来越近，长安的风声越来越紧。杜甫呢，杜甫急忙忙赶往奉先，他

---

[1] 见唐代元稹《唐检校工部员外郎杜君墓系铭》："夫人弘农杨氏女，父曰司农少卿怡，四十九年而终。"。《元稹集》(卷五十六)，北京：中华书局1982年版。

带着老婆孩子急忙忙一路向北,向北避难。鄜州,就是今天的陕西富县。富县,听起来多么带有喜感的名字,在当时,却是杜甫一家人临时的避难所。这个避难的地方,具体来说,是鄜州一个遥远的小山村,名字叫羌村。所以,"今夜鄜州月",鄜州,这是杜甫一家逃难的终点站。

那杜甫是怎么携家带口逃到鄜州的呢?要说起这段逃难的旅程,非常辛酸。最开始,杜甫带着家人离开奉先,首先到达的是白水县,之所以选择到白水[1]避难,因为白水县的县尉,[2]是杜甫的一个舅舅,[3]杜甫就是投奔他这个舅舅而去。可是到了六月,传来了坏消息:潼关失守,关中震动,白水告急。白水,已不再是安全之地,于是杜甫带着一家人继续逃难。

杜甫逃离白水的时候,当时已经形成一个巨大的"难民流",杜甫一家就裹挟在这个人流之中。不幸的是,杜甫和家人走散,他的坐骑也被人抢走。多亏杜甫一个表侄[4],他发现杜甫不见了,于是掉转马头,火速寻找,找出十多里地,叔侄碰头了。历尽九死一生,我们的诗人才没有丧生于兵荒马乱之间。当杜甫和家人到达彭衙,已

---

[1]"白水"今陕西省白水县。
[2]"白水县的县尉"指崔顼(崔十九)。
[3]见唐代杜甫《白水县崔少府十九翁高斋三十韵》。
[4]"杜甫表侄"名叫王砅。

是半夜时分。

可是非常糟糕的是,他们在这块儿又赶上了雷雨天气,衣服湿,身子冷,路上滑,腹中空。杜甫举家逃难,举步维艰,[1]这个时候,可以说,杜甫已经和千千万万的劳苦大众一样,共同承担了那个时代的苦难,杜甫的遭遇已经和普普通通的百姓的遭遇没有任何区别!当杜甫一家好不容易到达三川县[2],杜甫看到了曙光。三川已经是鄜州的地界了,可是呢,这块儿暴雨成灾,浪高水急,四野八荒连座桥都找不着。人祸加天灾,天灾加人祸呀,一直等到洪水退去,杜甫一家继续逃难,几经跋涉,终于到了鄜州。

"今夜鄜州月,闺中只独看。"那杜甫已经落脚鄜州,为啥他还要离开鄜州呢?

---

[1] 见唐代杜甫《送重表侄王砅评事使南海》和《彭衙行》。
[2] "三川县"今陕西富县南边。

【编者语】

亲情对每个人来说，都是不可或缺的情感需要，对深受儒家思想影响、至性至情的杜甫而言，更是他人生旅途中情感和生命动力的重要支点，也因此，他的亲情诗显现出一种特有的情感深度与温度。身处动乱漂泊，让杜甫对天各一方的弟妹们十分牵挂，他写诗表达对他们的怀想。对妻儿，杜甫更是情深意长。杜甫极富人情味的天伦本性，在字里行间闪耀。这首《月夜》中，杜甫写对小儿女的遥怜，只为曲笔写出妻子的苦，乱离之苦，劳作之苦，更有两处相思、一种离愁之苦。

02

第二问："遥怜小儿女，未解忆长安。"杜甫为啥要离开鄜州，他是怎么到的长安呢？

"安史之乱"爆发了，"渔阳鼙鼓动地来，惊破霓裳羽衣曲。"杜甫带着家眷一直逃逃逃，最后，逃到鄜州羌村，找到一个暂时的容身之所。接下来，杜甫把妻儿老小安顿好，只身一人与鄜州告别。

这里的内幕是啥呢？因为这个时候[1]，杜甫听闻一个重大消息，这个重大消息就是，太子李亨已经在灵武即位，也就是历史上的唐肃宗。杜甫听说后第一反应是啥？他把国家振兴的希望，寄托在新皇帝的身上。杜甫一心想着能为平定叛乱出力，一心想着要有所作为，这个时候，他仿佛在无边黑夜见到了一道光，于是，杜甫追着这道"光"，马上奔赴新皇帝的行在[2]，也就是太子李亨草创的临时政府。可是非常不幸的是，杜甫还没到达灵武，还没见上皇帝的面，在途中就被叛军抓住了，接着被押解长安。当时的长安已是沦陷区，或者叫"敌占区"。从此，杜甫有家难回。从此，杜甫与家人天各一方。

要问杜甫有多么想家，大家猜猜，杜甫曾把自己和爱人比作谁？在和《月夜》同一时期的诗作里，杜甫曾把自己和爱人比作牛郎和织女。让诗人痛苦的是，每年七夕，牛郎织女尚能相会，而自己和家人团聚，遥遥无期。[3]杜甫借用神话故事，把自己的悲伤，自己的惆怅，自己的期待，全盘托出。

---

[1] 指756年七月。
[2] "行在"天子所在的地方。
[3] 见唐代杜甫《一百五日夜对月》。

江帆楼阁图　>>>
唐·李思训
绢本、青绿设色

捣练图卷（局部）　∨∨∨
唐·张萱
绢本、设色
美国波士顿美术馆藏

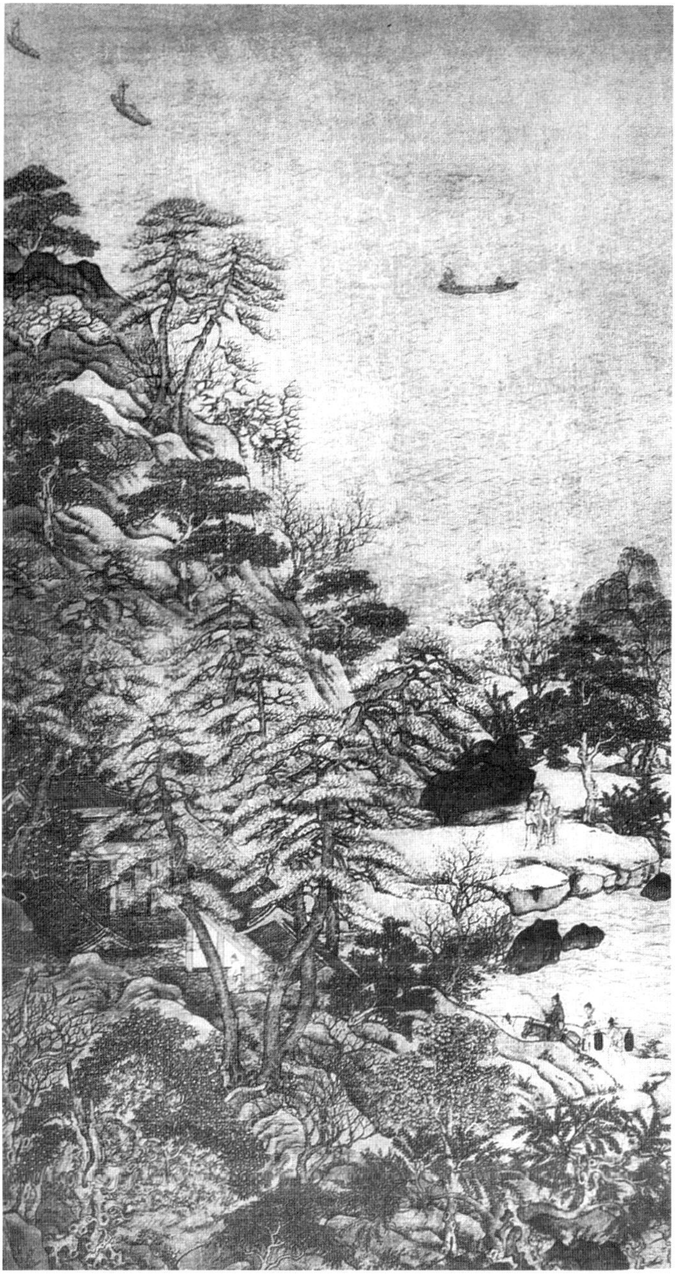

当一个秋天的晚上，天空一轮明月高悬，诗人不禁睹月思人。杜甫一个人望着月亮，心里想，妻子也在一个人望着月亮吧？一个长安望月，一个鄜州望月，杜甫身在长安，心在鄜州；妻子身在鄜州，心在长安。

"今夜鄜州月，闺中只独看。"很多人解读这两句诗，必须强调的就是杜甫的写作技巧，也就是"对写法"，用诗评家的话说："诗从对面飞来。"啥意思呢？你看，明明杜甫看着月亮想老婆，可他偏偏想象老婆看着月亮想自己。没错，老杜是进行了换位。不过，我以为，这里的技巧并不重要，杜甫其实也是一种写实。大家有没有这样的体验，当你一个人出门在外，你在某一个时刻，一定会想到家里人。在这一时刻，他们可能在念叨你，这种感觉，不光我有，很多人都有。比方说，白居易诗中说过，他说"想得家中夜深坐，还应说着远行人"。[1] 所以，杜甫是真的在想家中人，他才想象家中人也在想自己。

杜甫想到妻子，又想到孩子，"遥怜小儿女，未解忆长安。"杜甫想说什么呢？杜甫说，可怜我那些不懂事的孩子，还不明白他们妈妈的心事，他们不明白妈妈为什么望着月亮，他们不明白妈妈在思念长安的人儿？孩子们太小，他们能理解妈妈的心情吗？他们能理解妈妈的孤单吗？他们根本无

---

[1] 见唐代白居易《邯郸冬至夜思家》。

法理解成人的情感世界。

"遥怜小儿女,未解忆长安。"那杜甫的小儿小女,到底有多小?我找到两条线索:

线索一:逃难中的小儿女。杜甫回忆了他们逃难的一个片段。就是他们往鄜州去的途中,当时,一家人在山涧穿行,杜甫一个小女儿饿得不行了,孩子没啥吃的,就往她爸爸肩上咬,又咬又哭。这荒山野岭的,那个时候虎狼多,杜甫就赶紧把孩子搂在怀里,把孩子嘴捂上,不让她哭,害怕虎狼循声过来。这小孩知道啥呀,又是踢又是闹,你越不让她哭,她越使劲哭。杜甫那个小儿子呢,自以为比他这个小妹妹懂点事,他要吃道旁的李子,这孩子哪里知道,那李子苦,苦李是不能吃的。所以,杜甫诗中写的是"痴女",是"小儿",[1] 通过这个线索,咱们可以估算一下,杜甫这些孩子肯定都不大啊。

线索二:回忆中的小儿女。杜甫写过一首诗,诗里有几句是这么写的:"骥子好男儿,前年学语时。问知人客姓,诵得老夫诗。"[2] 杜甫在这个诗里提的这个"骥子",是他的小儿子,"骥子"是他这个小儿子的乳名、小名,

---

[1] 见唐代杜甫《彭衙行(邰阳县西北有彭衙城)》,"痴女饥咬我,啼畏虎狼闻。怀中掩其口,反侧声愈嗔。小儿强解事,故索苦李餐。"
[2] 见唐代杜甫《遣兴》。

这个孩子大名叫杜宗武。杜甫有两个男孩，咱们通过杜甫诗能看出来，他这两个男孩，老大挺一般，老二挺聪明，所以杜甫有点偏爱这个老二。你看，杜甫在诗里就回忆了，他说"前年学语时"，"骥子"前年那个时候牙牙学语，刚会说话。这小孩特聪明，他就知道，家里谁来了，家里来客的姓名是啥，而且呢，"诵得老夫诗"，还能背下来几首杜甫写的诗，非常招人稀罕。

那这首诗啥时候写的呢？它就和我们现在讲到的《月夜》，写于同一时期。所以大家想，这小孩前年的时候才刚刚能说明白话，那肯定不大呀。那根据杜甫其他的诗，他大约有五个孩子，不是还夭折一个吗？去掉那个孩子，现在杨夫人身边，至少得有四个孩子。这四个孩子，大的也就七八岁，小的也就两三岁的样子。所以杜甫说，"遥怜小儿女，未解忆长安"。杜甫说，这一帮孩子啊，都不懂他们妈妈的苦啊。那杜甫说孩子不懂他们妈妈的苦，实际上是想说啥？杜甫是想说，他深知自己妻子的苦啊。真是两处相思、一种离愁。所以杜甫就想，月光下的妻子现在是啥模样呢？她是不是还在一直望着月亮？

【编者语】

疆域的广袤和人们生活的多元,使唐朝人的视野格外开阔,所以,唐诗的主题,千帆竞逐,异彩纷呈,多种风物、风情、风貌并举。到了杜甫这里,直笔书写爱情的诗歌更是寥寥。然而,就在不多的书写夫妻之情的诗篇中,却饱含深情。"老妻寄异县,十口隔风雪","老妻忧坐痹,幼女问头风","老妻书数纸,应悉未归情",对妻子情态种种的描摹,深于情而又专于情。《月夜》一诗,同样在写妻子,情调却婉约而优美,不同于其他诗中的质朴直白。此刻,杜甫想表达的是什么情愫,他憧憬的幸福又是什么样的情景呢?

03

第三问:"香雾云鬟湿,清辉玉臂寒。"这两句诗写得香艳还是不香艳?

可以说,《月夜》这首诗,杜甫没写月亮多么多么美,但他写了杨氏那么那么美。杜甫想象远在鄜州的妻子,呆呆地望着月亮，雾气蒙蒙，沾湿了她的鬓发；月光清冷，玉臂生寒。这是诗人想象妻子望月的情景，何尝不是他自己的写照呢？当妻子久久望月，夜不能寐，在长安的诗人不也是如此吗？"海上生明月，天涯共此时",[1]"共看明月应垂泪，一夜乡心五处同",[2]一个共，一个同，月亮代表我的心，月亮代表你的心，月亮，将他和妻子的心，紧紧连在了一起。

"香雾云鬟湿，清辉玉臂寒。"杜甫说妻子肌肤白皙，连手臂都是"玉臂"，晶莹剔透；连头发散发出来的香味儿，都是"香雾"，幽香醉人。那杨氏给人的感觉，是不是又年轻又美貌？事实是不是这样呢？

我们说杜甫的婚姻，至于杜甫到底是多大岁数"脱单"的，目前说法不一。有说三十岁的，而立之年，正常；也有说杜甫晚婚，四十一岁才成家。不管怎么说，杜甫和杨氏，属于"老夫少妻"的类型。杜甫比杨氏至少大十岁。要是放在今天，杜甫应该叫杨氏"小甜甜"、"小甜心"什么的才对。可是杜甫笔下的杨氏，除了这首《月夜》里的"月光爱人"——"香雾云鬟湿，清辉玉臂寒"，其他的统统没有美感，出现频次最高的称呼是"老妻"。[3]杜甫好像不知道，

---

[1] 见唐代张九龄《望月怀远》。
[2] 见唐代白居易《望月有感》。
[3] 比如"老妻书数纸""老妻忧坐痹""老妻寄异县"。

到底谁更老。就算他偶尔不叫"老妻"了,也要换一个更粗鲁的词儿——"山妻"。[1]那口吻,大家听听,是不是活像《西游记》里的牛魔王。牛魔王说到铁扇公主的时候,就会说我山妻如何如何。除了老妻、山妻,当诗人风尘仆仆赶回家,他看到的是"瘦妻",[2]消瘦羸弱,面如菜色。

那我们现在来总结一下,老妻、山妻、瘦妻,这里面包含了杜甫怎样的情感?其实山妻就像贱内一样,这里面并没有啥不好的意思,所以我觉得,杜甫说的老妻相当于昵称,山妻相当于谦称,瘦妻相当于爱称。杜甫和杨氏之间并不是你做你的才子、她做她的佳人,这里包含执子之手、与子偕老的执着,也包含相濡以沫、风雨同行的坚守。

我一直以为,如果一个人他不爱父母、不爱朋友、不爱家庭,但是他却能爱国家、爱百姓,这是典型的强盗逻辑,或者说是流氓逻辑。那忧国忧民的杜甫,他爱不爱老婆?我敢肯定地说,杜甫爱老婆,而且是真爱。有爆料说,每当好友到家中来访,杜甫都会向他们介绍妻子,让大家认识认识自己的老婆。你看,别人"炫技",杜甫"炫妻"。[3]那"香

---

[1] 见唐代杜甫《孟仓曹步趾领新酒酱二物满器见遗老夫》,"理生那免俗,方法报山妻"。

[2] 见唐代杜甫《北征》。

[3] 见《云仙杂记》:"杜甫每朋友至,引见妻子。韦侍御见而退,使其妇送夜飞蝉,以助妆饰。"刘世德《中国古代小说百科全书》(修订本)。北京:中国大百科全书出版社2006年版。

雾云鬟湿,清辉玉臂寒",这里,云鬟已湿,玉臂已寒。杜甫想说明啥呢?我想,杜甫是在想象,这个时候夜已深,天已冷,妻子那么凄楚动人。我想,如果唐朝有电话,那么杜甫给他的妻子杨氏打电话,这两句诗转换成杜甫的私房话,他可能会说:"老婆,你在外面站半天了吧?你看你,是不是都冷啦?快点回去吧!"

"香雾"、"云鬟"、"玉臂",乍一看字面,这是形容歌伎、舞女的常用词语,也是宫体诗当中的常见词汇。所以就有人说了,说这两句诗,"香雾云鬟湿,清辉玉臂寒",这是杜甫诗当中最香艳的句子。香艳吗?香艳。不过,我要说的是,香艳只是表象,那真相是什么?

杜甫爱老婆,那杨氏爱不爱杜甫呢?杨氏本是大家闺秀,想必嫁与杜甫之前也是千娇百媚,养尊处优。可是,杜甫回到家,他看到的妻子是啥模样?"经年至茅屋,妻子衣百结",[1] 身居茅屋草舍,妻子破衣烂衫。杜甫长期颠沛流离,杨氏为他的身体操心,操心他的病好没好点。[2] 杜甫客居他乡,生死难卜,妻子为他的安危担心,"妻子山中哭向天"。[3] 等到一家人真正相见,妻子以泪洗面,

---

[1] 见唐代杜甫《北征》。
[2] 见唐代杜甫《遣闷奉呈严公二十韵》"老妻忧坐痹,幼女问头风。"
[3] 见唐代杜甫《徒步归行》。

"妻孥怪我在,惊定还拭泪"。[1]可以说,杜甫在外面哭,杨氏在家里哭。给杜甫当老婆容易吗?咱就说杜甫,考试咋考也考不上,工作找也找不着,费挺大劲儿就业了,没过几天又失业了。但是,杨氏能读懂杜甫,就像杜甫能读懂杨氏一样。在婚姻里,我觉得,找一个懂你的人,要比找一个爱你的人更奢侈。

众所周知,杜甫是生前落魄,死后扬名,杨氏跟着他吃了那么多的苦,流了那么多的泪,人间有爱,岁月不寒。杜甫用爱温暖着冰冷的世界,杨氏用爱呵护着温情的杜甫。一个今生今世,一个不弃不离。"蒲苇韧如丝,磐石无转移。"在漫长的岁月中,虽然聚少离多,但是甘苦与共,杨氏是古代乱世广大受苦受难女性的一个缩影。所以我认为,一句"香雾云鬟湿,清辉玉臂寒",这里不光有香艳,正如诗评家指出,"云鬟"、"玉臂",语丽而情更悲。[2]

杜甫在这首《月夜》里,前六句全为拟想之词,到了最后两句才直抒胸臆,诗人抛出一个疑问,什么疑问呢?

---

[1] 见唐代杜甫《羌村三首》其一。
[2] 见明代王嗣奭《杜臆》。

【编者语】

杜甫的亲情诗,不是你侬我侬,而是凝聚着一种强烈的责任感。应该说,正是"爱"与责任感构成了杜甫人格美质中不可或缺的一部分。《月夜》短短的五言八句,寄托着杜甫对"家"与"国"的双重责任。离开亲人,奔赴使命,是男人的本分。异乡异客,盼望团聚,也是男人的愿景。"何时倚虚幌,双照泪痕干",两个维度的期盼,让杜甫精神世界由此立体丰满,更显博大深邃。"爱"得真实,几近神圣,也缘于这份"爱",最终成就了杜甫的诗性、诗品和诗家崇高的地位。

04

我们来看第四问:到底什么时候才能"倚虚幌,泪痕干"?

杜甫这首诗开头开得非常好,"今夜鄜州月,闺中只独看。"鄜州的月亮,长安的月亮,它本是一个月亮啊,可是,杜甫独自看,妻子独自看,杜甫在流泪,妻子在流泪。这个结尾结得也非常好,"何时倚虚幌,双照泪痕干。"什么时候我们才能紧紧地依偎、双双倚在透明的窗帘边,就让明月照干我们满是泪痕的脸。大家注意,"双照"再次呼应了开头的"独看"。独看怎么样?"独看泪痕见",双照怎么样?"双照泪痕干",这是诗人对月圆人团圆的强烈期盼。

从我个人的阅读体验来说,杜甫的诗无论细腻委婉也好,还是凄怆苍凉也罢,你读起来,一点儿不感觉空,一点儿不感觉假。杜甫不止这首《月夜》写到月亮,他还有好多回写到月亮。正是因为宁静的月夜,清幽的月光,使得离家在外的杜甫,情不自禁想起同一轮月亮照耀下的故乡、亲人、爱人、朋友。比如说,"露从今夜白,月是故乡明"[1];比如说,"满月飞明镜,归心折大刀"[2];是月亮,缩短了时空的距离,一轮月,两地情。

如果大家问,我从整首《月夜》里面都读到了啥?我的答案是,我读到了杜甫的五张面孔:

第一张面孔,浪漫的杜甫。尽管浪漫对于杜甫来说,不过是个零头。"今夜鄜州月,闺中只独看。"今夜的"独看",是不是能说明他们往日的"同看"呢?而且杜甫最

---

[1] 见唐代杜甫《月夜忆舍弟》。
[2] 见唐代杜甫《八月十五夜月》。

后仍在盼着,共赏一轮月,双照泪痕干。

第二张面孔,暖心的杜甫。"今夜鄜州月,闺中只独看。"这两句诗,常被看作是杜甫的写作技巧。我个人觉得,这里的技巧并不重要。在烽火连天的乱世,杜甫单单有思念吗?他有没有惦念?杜甫写诗的时候,会想到技巧这个问题吗?杜甫的夫妻情既是天长地久的爱情,也是患难与共、生死相依的真情。杜甫的爱情天地里,杨氏是他永远的"白月光",杜甫的人生地图上,鄜州是杜甫难忘的一个心理地标。

第三张面孔,惭愧的杜甫。"遥怜小儿女,未解忆长安。"杜甫心里想,妻子带着一大帮不懂事的孩子,有多么不易。杜甫深深地理解杨氏的这种不易,所以,他在写《月夜》这首诗的同一时间段,诗里还这样写过:"世乱怜渠小,家贫仰母慈。"[1]这个诗是杜甫写孩子的,意思是说,世道这么不太平,家中又这么不富裕,孩子们全都仰仗杨氏一手拉扯长大,而自己又不能尽到一点儿责任。要说杜甫这辈子,他无愧朝廷、无愧苍生、无愧友朋,可是他愧对孩子[2]、愧对老婆[3]。我敢说,杜甫是个好爸爸,

---

[1] 见唐代杜甫《遣兴》。
[2] 见唐代杜甫《自京赴奉先县咏怀五百字》"所愧为人父"。
[3] 见唐代杜甫《自阆州领妻子却赴蜀州山行三首》"飘飘愧老妻"。

但是为人父，他很惭愧；杜甫是个好丈夫，但是为人夫，他很惭愧。

第四张面孔，脆弱的杜甫。都说伟大的灵魂雌雄同体，杜甫也坚强，杜甫更脆弱。之前我说过，李白经常写"笑"，杜甫经常写"哭"。杜甫写这首《月夜》的时候，我相信他是哭过的。我们不妨参考一下杜甫其他的作品。杜甫在寒食夜，他是怎么说的呢？"无家对寒食，有泪如金波。"[1]这个时候，诗人仍然被困，妻儿仍在鄜州。诗人没的是啥？诗人有的是啥？诗人没的是家，诗人有的是泪。月光入水，金光闪烁，诗人的眼泪就像金波一样涌动不止。

第五张面孔，博大的杜甫。"何时倚虚幌，双照泪痕干。"杜甫仿佛在对妻子说，什么时候我再不远走，你再不孤单；什么时候你再也不哭，我再也不哭，我们都不再泪水潸潸。都说人间烟火气，最抚凡人心，可是岁月不静好，流泪到何时？"何时倚虚幌，双照泪痕干。"这里不仅包含杜甫对家人团聚的渴望，也包含对战乱平息的期望，还包含对天下太平的展望。可以说，杜甫打包了所有的爱，他给人间安放了圆月一般的圆满，蕴藏了博大的力量。

很多诗人写妻子，最打动我们的通常是悼亡诗，可是，悼亡诗往往给读者太多的留白。我们对杨夫人了解得多，

---

[1] 见唐代杜甫《一百五日夜对月》。

是因为杜甫写得细,而且非常生活化。我每每读到杜甫笔下的孩子、老婆,尤其是不听话的孩子,穿着破衣服的老婆,我就觉得,杜甫离我们,那么近那么近。他不再是冷冰冰的圣人的符号,而是活生生的人间的杜甫。

杜甫真是至情至性的人,梁启超先生把杜甫称作"情圣"。[1]在这儿需要提个醒,作为写情圣手,很多人往往断章取义,把它窄化了,好像杜甫之"情",就是两情,就是爱情。其实,梁启超说的"情",是广义的,包括但不限于爱情。杜甫的心里,不只装着他的家。家与国,才是杜甫完整的精神世界。

从杜甫这辈子来看,他写《月夜》的这段时期,是诗人一生当中非常特殊的一段时期,是诗人生命最为危险的一段时期,是诗人情怀逐渐深沉的一段时期,也是诗人相思最为浓烈的一段时期。杜甫这次被困长安,长达一年多的时间。当又一个春天来了,花,还是开得那么红,鸟,还是叫得那么欢,可是,杜甫的眼中全是泪。诗人为啥又哭了呢?

---

[1] 见梁启超《饮冰室合集》(第五册),北京:中华书局1989年版,第38页。

拾

西京春望

「国家不幸诗家幸」,在安史之乱的第三个年头上,杜甫又拿起笔,以《春望》为题,将历史大视野下的辛苦遭逢诉诸文字,融入他个体,同时也是这个国家的史话。

【文前按语】

应该说,杜甫的一生是非常不幸的,他自幼"奉儒守官",试图"致君尧舜上,再使风俗淳",然而,他生命的节奏却被"安史之乱"打破。和唐帝国命运相仿佛,他个体的人生也陷入风雨飘摇。但在另一个维度上,杜甫似乎又是幸运的。作为亲历者,他目睹了一段大历史的转折,并且,没有让它在记忆中仅仅化作苦情,更没有让它成为虚妄。

"国家不幸诗家幸",在"安史之乱"的第三个年头,杜甫又拿起了笔,以《春望》为题,将历史大视野下的辛苦遭逢诉诸文字,融入了他个体、同时也是这个国家的史话。

01

曾经有学生问我,杜甫长得帅不帅?这道题,真把我考住了。因为,我们找不到任何线索。好在蒋兆和先生给杜甫画了个像,这个像,尽管是艺术的想象,但它仿佛成了杜甫的"标准照"。整个画面超有感觉,粗犷、雄浑、苍凉,最最打动我的是杜甫的眼神:敏锐、真诚、忧郁,诗人就在那儿望着,显得那么愤懑、孤寂、深情。我个人以为,这幅画像,和诗人的一首五律搭配在一起,简直是绝配。哪首五律呢?《春望》——

国破山河在,城春草木深。
感时花溅泪,恨别鸟惊心。
烽火连三月,家书抵万金。
白头搔更短,浑欲不胜簪。

这首诗,大家太熟悉了,它不像有的诗,作者可以"客窜"。比方说,有的山水诗,既像李白写的,也像王维写的,辨识度不强。但是这首诗,就好像杜甫的一道"招牌菜",味道特别对,怎么也安不到别人身上。诗人主要写了啥呢?写了他的"愁",愁到什么程度?俗话说,"笑一笑十年少，愁一愁白了头"，杜甫愁白了头。不仅白头了，而且头发越来越短，"白头搔更短"。

这就和李白不一样了，李白也愁，但李白的白发好长好长："白发三千丈，缘愁似个长。"[1]白发之所以那么长，是因为愁丝那么长。愁丝万缕，白发千丈。这是明显的李白"style（风格）"。你看，突然而起，极尽夸张，所以诗评家说，李白的诗"奇意奇调，真千古一人"[2]。

那同样写愁，是杜甫的"短发"好呢，还是李白的"长发"好呢？有一些"专业"为李白站台的读者就发声了。有人说，老杜这句"白头搔更短，浑欲不胜簪"，他这个"梗"，那都是人家李白玩剩下的"梗"，李白的高妙，杜甫踮起脚尖都够不着。我认为，这话说对了一半，李白确实是兴到语绝，神韵毕现，但老杜的诗，笔力千钧，沉郁顿挫，这就叫"梅须逊雪三分白，雪却输梅一段香"[3]，李杜，春兰秋菊，各有所长。

接下来，咱们就来分析一下，杜甫的白发咋就变短了？杜甫都有哪些"愁"？大家看：

第一，国破山河在：国都陷落，破败不堪；第二，城春草木深：长安内外，荒草丛生；第三，感时花溅泪：

---

[1] 见唐代李白《秋浦歌》。
[2] 见明代周珽《唐诗选脉会通评林》。
[3] 见宋代卢梅坡《雪梅》。

感时伤世,情动于衷;第四,恨别鸟惊心:怅怅离别,闻声而悲;第五,烽火连三月:战乱不断,匡复无期;第六,家书抵万金:亲人远隔,难通音信。

前四句重在写景,景中有情。后四句重在抒情,情中有景。杜甫,想着家事、国事、天下事,见花开而泪流,闻鸟鸣而心悸。杜甫,为王朝的兴衰发愁,为京都的惨状发愁,为春天的荒芜发愁,为国家的时局发愁,为战争的持续发愁,为离别的痛苦发愁。怎一个"愁"字了得!

那发愁怎么办?咱们都知道,人在发愁时,最爱挠脑袋,有搔头这个习惯动作,也是个经典动作。杜甫经常挠脑袋,经常搔头,他说"白头搔更短"。古代男子和今天不一样,他们不是平头,不是背头,不是寸头,他们蓄长发,通常把头发梳成一个髻,然后用根簪子把头发插住。杜甫告诉咱们,他的头发越来越白不说,还越来越少,连簪子都快插不住了。可是,"白头搔更短",怎么能越来越短呢?我觉得,杜甫总愁总愁,有点像"神经性脱发",脱发的朋友都有这个经验,你掉的大多是长头发,杜甫长头发掉得太狠了,所以白发又短又稀。

"白头搔更短,浑欲不胜簪。"杜甫这个尾联写得好,还是不好呢?我听有人遗憾过,说这一联没有前三联好,有点烂尾。从全诗来看,它和前面三联比较,的确气势弱下来一些。不过,它依然不减分。大家还记得《登高》的尾联是怎么写的吗?前面是"无边落木萧萧下,不尽长江滚滚来",结尾是"艰难苦恨繁霜鬓,潦倒新停浊酒杯"。你看,诗人的视角又回到诗人自身,是不是又出现了白头发?而且是两鬓如霜,愁肠百结。

我们回到《春望》这两句,如果咱们把这个尾联换一下,换成哪一种呢,像"飘飘何所似,天地一沙鸥"[1]那一种,像"戎马关山北,凭轩涕泗流"[2]那一种,我们会是啥感觉?吃糖,如果吃多了会怎么样,它还甜吗?它不甜,它齁人。所以,那样的尾联,会带给我们巨大的审美压力,像大山一样砸下来。而杜甫这个尾联,非常圆通,就像李白借酒浇愁一样,杜甫"搔头"解愁,这个场景非常生活化,又真实,又自然。它虽然不是什么石破天惊之语,但是我们看到一个搔首徘徊、无从化解、焦虑至极的杜甫。

所以,对于《春望》,这个赞,必须点,后来有诗评家把它评为"第一等好诗"。[3]咱们只是这么讲,还是有些"学院派",有些落空。这首诗的题目叫《春望》,那到底是哪一年的春天呢?杜甫多大年纪?

---

[1] 见唐代杜甫《旅夜书怀》。
[2] 见唐代杜甫《登岳阳楼》。
[3] 见[宋元]方回《瀛奎律髓》。

02

要想知道杜甫写的是哪一年的春天,我们必须返回历史的现场。咱们还得重新走一遍这个时间轴。755年,安禄山起兵叛唐。756年,唐玄宗逃往四川。同一年,太子李亨在灵武即位,也就是历史上的唐肃宗。

这个时候,杜甫一家刚刚在鄜州落脚。杜甫听说唐肃宗即位,就只身一人离开鄜州,前去投奔。可是非常不幸的是,杜甫途中被叛军俘获,也就是说,他连皇帝的面还没见着呢,就被押送到了长安。接下来,杜甫一直身处沦陷区。所以,大家想想,杜甫当时该是什么样的心情,该是什么样的心碎?

再长的冬天总会过去,再迟的春天总会到来。又一个春天来了,这个春天,就是公元757年的春天。这一年,杜甫四十五岁。在这个春天,杜甫看到了啥?诗人开篇就是一句:"国破山河在,城春草木深。"关于这两句,我曾看过有人赏析说,杜甫这个"破"字,一字传神,体现了诗歌语言的动态美。谁能告诉我,这里有美吗?这里还有美吗??这里能有美吗???

"国破山河在,城春草木深。"山河依旧,可是国都沦陷,残破不堪;春天已来,可是乱草丛生,荒芜不堪。

咱们不难想象,"安史之乱"没爆发之前,长安的春天会是这样吗?一个"破"字触目惊心,一个"深"字满目凄凉。长安陷于敌手,山河仍在眼前,风景不殊,人事已非。诗人睹物伤怀,表现了强烈的黍离之悲。

"国破山河在,城春草木深。"被困长安的杜甫,他目睹了国都的残破、荒凉、恐怖。比方说,杜甫写过一首《哀王孙》,真实反映了山河虽在国已破的情景。《哀王孙》说的是,杜甫在街头遇见一个虎口余生的王孙。这个少年,腰佩玉玦,在路旁已经哭得喉咙嘶哑。无论你千问万问,他总不肯说出自己姓甚名谁。他已有一百多天奔逃于荆棘丛中,体无完肤,处处是伤疤。[1] 在十字路口,杜甫不敢和他长时间交谈,只能站立片刻,和他简单聊几句。杜甫同情他,可怜他,告诉这个王孙,一定要坚定信心,等待官兵打回长安。当时唐肃宗是平定叛乱的总指挥,所以,杜甫诗中对肃宗加以称颂,实际上正体现了当时广大人民的希望。杜甫虽然只写了一位王孙的遭遇,但小中见大,还原了长安的血腥气氛。

有人说,大家别信,杜甫写的这个王孙,不一定是真人真事。因为,这是诗,这是文学。我是啥判断呢?咱不跟文学抬杠,也不为杜甫"洗白",咱聊聊这段历史。

---

[1] 见唐代杜甫《哀王孙》。

大家要清楚，唐玄宗出逃四川的时候，非常措手不及，仅仅带着杨贵妃姐妹几人，其余妃嫔、皇孙、公主都没有跟随。住在宫廷外的亲王啊皇孙啊，是没法及时通知他们的，换句话说，他们成了"被抛弃的一群"。那这些被抛弃者，接下来的厄运就可想而知了。

据史料记载，安禄山的部将[1]攻陷长安之后，他们丧心病狂地开展了屠杀行动。在崇仁坊这个地方，那些公主、王妃、驸马被诛杀殆尽。大凡杨国忠、高力士的同党，还有安禄山一向深恶痛绝的人，全部格杀勿论。那些王侯将相扈从玄宗入蜀者，他们的兄弟、子孙统统被害，甚至连婴孩都不放过！[2] 所以，当时的长安城尸体纵横，那些宗室士孙们，被吓得魂飞魄散。

杜甫这首《哀王孙》里，诗人所说的"王孙"，应该是这次大难的幸存者。当然，这个王孙可能是真实的，也可能是虚构的，我们没有必要去纠结，杜甫到底见没见过这个所谓的王孙。退一步讲，即使这个王孙只是一个符号，又怎么样？这首诗包含的"诗史"价值，一点都没打折。当杜甫回到叛军盘踞的首都，当杜甫回到饱受蹂躏的长安，他用沉郁顿挫的笔触，以纪实的诗风，留下许多真实而苍凉的文字。

---

[1]"部将"指孙孝哲。
[2]见北宋司马光《资治通鉴》卷二一八。

03

"感时花溅泪,恨别鸟惊心。"杜甫这一联诗,到底啥意思,还真的很烧脑,由此出现了一家之言,出现了多家之言。比方说,有一种说法认为,"感时花溅泪,恨别鸟惊心",意思是说,花原本是无情的,但是它有泪,鸟原本是无恨的,但是它惊心,花和鸟,都是因人而具有了怨恨之情。这种说法叫"移情说"。尽管这种说法非常绕,但是这种说法很有"市场"。虽然对诗歌的解读没有固定答案,但是"感时花溅泪,恨别鸟惊心",真的是花溅泪,真的是鸟惊心吗?

我觉得,这是拟人,没问题。不过,我还能给出什么样的解释?我先提供一个旁证,这个旁证是两句诗,它和杜甫这两句诗,长得特别像,这两句诗还真不是外人写的,是杜甫的爷爷杜审言写的,大家看:"迟日园林悲昔游,今春花鸟作边愁。"[1]杜审言也写到了春天,也写到了花鸟。对不对?杜审言是在哪种背景下写的呢?当时杜审言被贬,正值春临大地,正值花开鸟鸣,于是,诗人的悲思愁绪,一触即发。"迟日园林悲昔游",忆昔游而悲伤;

---

[1] 见唐初杜审言《渡湘江》。迟日:春日。悲昔游:作者旧游之地,因放逐再次经过感到悲伤。昔游:往日的游赏活动。边愁:流放边远地区产生的愁绪。

"今春花鸟作边愁",见花鸟而哀愁。鸟语也好,花香也罢,杜审言移情入景,忆昔游而悲,见花鸟成愁,把自己内心的愁苦表达得真切生动。

杜甫不能没读过他爷爷这两句诗吧?反正我不信。所以,杜甫的"感时花溅泪,恨别鸟惊心",很可能是从他爷爷的作品"花鸟作边愁"这一句,脱化而出。所以,杜甫的"感时花溅泪,恨别鸟惊心",不是花溅泪,不是鸟惊心,而是杜甫感时世,恨别离,杜甫落泪,杜甫心惊。

咱们先说"感时花溅泪"。举个例子,大家都学过白居易的《长恨歌》,我在中学那会儿就想,这么宏大悲怆的主题,杜甫怎么没写呢?我问我同桌,同桌说,你怎么总问一些考试不能考的题呢?后来才知道,杜甫不是没写,只不过不叫《长恨歌》,而是叫《哀江头》。

《哀江头》和这首《春望》,杜甫写在757年同一个春天,这个江头是指曲江江头。[1] 曲江是啥地方啊?这里宫殿连绵,楼阁起伏,花开似海,垂柳如云。所以,曲江在大唐,绝对是一流的风景区。在当时,不光平民百姓常来游玩,皇亲国戚、达官显宦、文人墨客,也常常在这儿举行各种宴会以及游乐活动。当年唐玄宗带着杨贵妃,经常到曲江游春。

---

[1] 见唐代杜甫《哀江头》。

这辈子 **杜甫** 一览众山小

安史之乱图

可是，杜甫757年春天去的曲江，已是战乱后的曲江。杜甫是怎么去的呢？杜甫写诗告诉我们说，"少陵野老吞声哭"，有没有泪？但是当时那样一个险恶的时局，杜甫敢大声哭吗？他不敢，他只能把眼泪咽回肚子里，吞声而哭。杜甫看到的曲江，又是什么景象？宫殿荒废，千门紧锁，从前经常光临曲江的唐玄宗、杨贵妃呢？我们都知道，安史叛乱之初，唐玄宗逃走了；又经马嵬兵变，杨贵妃被缢死了，"六军不发无奈何，宛转蛾眉马前死"，"君王掩面救不得，回看血泪相和流"[1]。

唐玄宗丢了江山，也别了美人。杜甫是怎么写的？"明眸皓齿今何在？血污游魂归不得。"可是，唐玄宗不来了，杨贵妃永远不来了，曲江的花还开不开，曲江的草还绿不绿？杜甫目睹江水江花，春色依旧，他在诗中说："人生有情泪沾臆，江草江花岂终极。[2]"江花依然那么红，江草依然那么绿。江草江花没有终了，诗人的悲哀就没有尽头。诗人有没有泪？诗人忍不住泪落沾衣，这不就是"感时花溅泪"吗！杜甫为何会落泪？需要补充的是，曲江作为一个独特的情感载体，它和杜甫的一生休戚相关。杜甫在不同时期，留下十多首曲江诗。[3] 他写过曲江一带的歌

---

[1] 见唐代白居易《长恨歌》。

[2] 有另一版本：江水江花岂终极。

[3] 第一首曲江诗是《乐游园歌》。

舞升平、曲江一带的灯红酒绿、曲江一带的世道人心，正是由于曲江独特的文化背景，才使得敏感多情的杜甫触景生悲。

我们再说"恨别鸟惊心"。要问这个春天，人间有多少离别？可以说，从上到下，都在经历生离死别。第一，大唐的最高统治者，别长安、别贵妃；第二，大唐的战士们，别家园、别亲人；第三，和杜甫一样的文人，别妻、别子。

举个例子，杜甫在滞留长安期间，思念远在鄜州的妻儿，"骥子春犹隔，莺歌暖正繁。别离惊节换，聪慧与谁论。"[1]又是一个春天，莺歌燕舞，季节变换，杜甫听到黄莺的叫声，想起自己和聪明可爱的孩子身处乱世，两地别离，不能在一起，这不就是"恨别鸟惊心"吗！"感时花溅泪，恨别鸟惊心"，杜甫观春花而泪流，闻鸟鸣而生恨，展示了一个写实诗人的情感厚度。

04

"烽火连三月，家书抵万金。"有人说，杜甫写这首诗的时候，"安史之乱"的战火还没有结束，我要补充说，

---

[1] 见唐代杜甫《忆幼子》。

不是没有结束，而是远没有结束。新一任皇帝[1]刚刚继位，杜甫看不到这场战争的尽头。说到这儿，是不是还会有人不能理解，一封家书何以抵万金？"烽火连三月，家书抵万金。"我的分析是，这里包含了诗人的双重情感：一重是"怕"，一重是"盼"。

"烽火连三月"，杜甫怕的是啥？怕这场战乱无休无止。杜甫盼的是啥？盼这场战乱快点结束。那"家书抵万金"，杜甫怕又是啥，盼的又是啥呢？

杜甫一个人被困长安，要说杜甫这段日子，那是过得真难，他经常饿着肚子，所以经常到朋友那儿蹭饭。当时好不容易下了一场大雨，有一天，一大早，杜甫拄着藜杖，拖泥带水上朋友家去了。他这个朋友非常热情，俩人是有说、有笑、还有酒，但是有开心吗，杜甫想的是啥呢？第一，杜甫觉得久旱逢雨，天降甘霖，不仅花草增美，而且粮食丰收有望，这下能不闹饥荒了，老百姓能不饿肚子了，他挺满意，挺欣慰；第二，杜甫想家了，杜甫诗中说"妻孥隔军垒，拨弃不拟道"[2]。杜甫想起老婆孩子被战争活活地离散，"妻孥隔军垒"，他的心里非常难过，他都不敢拨动这个话头，"拨弃不拟道"，嗨，还是放下吧，不提了。

---

[1] "新一任皇帝"指唐肃宗。
[2] 见唐代杜甫《雨过苏端》。

杜甫真能放下吗？他多么盼着家里能来个信啊。可是，他又为啥不提呢？大家说，杜甫的盼，单单是急着盼着吗？杜甫有害怕啊，他怕的是啥呢？根据史料记载，自从太子李亨离开马嵬驿向北行进，当时长安附近的豪杰纷纷起兵，和叛贼激烈交战。最开始交战的范围，只在京都附近，再后来，鄜州、坊州，一直到岐州、陇州，很多人遥相呼应。长安西门以外，到处都是抗敌的营垒，形势非常严峻。[1]杜甫的妻儿老小在哪呢？就在鄜州啊，而且杜甫还听说，鄜州那边遭遇的兵祸最严重，乱兵所过之处，鸡犬不留。如此兵荒马乱的岁月，要说杜甫不惦记，不牵挂，那不是瞎话嘛！所以，只要杜甫稍微一想，马上就会心惊肉跳。

那这个时候，是不是一封家书，可抵万金？可是，假如可抵万金的家书到了，杜甫真的很惊喜吗？杜甫还是害怕，他怕接到的是个凶信儿。这种极度焦虑的心情，杜甫在诗中说过，他说："反畏消息来，寸心亦何有？"杜甫怕啥呢，消息不来，还有个盼头，对不对？一旦消息来了，说孩子老婆都遇害了，盼望就变成了彻底的绝望，所以杜甫反怕消息来。就这样，左也不是，右也不是，人也不见，

---

[1] 见北宋司马光《资治通鉴》唐纪三十四："京畿豪杰往往杀贼官吏，遥应官军；诛而复起，相继不绝，贼不能制。其始自京畿、鄜、坊至于岐、陇皆附之，至是西门之外率为敌垒。"

信也不通，诗人被困长安，家人生死难卜。

"烽火连三月，家书抵万金。"杜甫是典型环境的典型人物，也是特殊环境的特殊人物，诗人写出了特殊人物的特殊感受。"烽火连三月，家书抵万金"，道尽杜甫一片真情，一片苦语！

"烽火连三月，家书抵万金。"杜甫就这样等啊等，盼啊盼，终于机会来了！有一回，一个官员要回鄜州休假，杜甫就托他给家里带去一封信。就在这年的秋天，这个人把家里的回信捎过来了。家里挺好的，杜甫终于接到了家里的"竹报平安"。诗人喜得家书，太激动了，他在诗里写下："熊儿幸无恙，骥子最怜渠。临老羁孤极，伤时会合疏。"[1]"熊儿"，是老大杜宗文的小名；"骥子"，是老二杜宗武的小名。两个孩子都太平无事。但是杜甫仍然感觉自己孤孤单单，不知一家人什么时候才能团团圆圆，真是国愁、家忧、离恨，一齐涌上心头。

"国破"然而"山河在"，这是大破碎；"城春"可是"草木深"，这是大萧索；"花开"可是"见之泣"，"鸟鸣"然而"闻之悲"，这是大反差；"家书"可以抵"万金"，这是大沉痛。杜甫怎么能不"白头搔更短"！

"白头搔更短，浑欲不胜簪。"那杜甫的白发，是不是真的白发呢？其实，白发可以是一个诗歌意象，它经常用来表达青春远去啊、黯然神伤啊、壮志难酬啊，体现一种紧迫感、迟暮感、沧桑感，等等，这个白发，它原本是不需要坐实的。但是，我发现，杜甫多次写到自己的白发。杜甫第一次写白发，[1]那个时候头上刚出现几根，他还不到四十岁。后来，杜甫的白发逐渐增多，诗中用了"白头翁"[2]这个词，杜甫写这首《春望》的时候，他又写到自己的白发。我相信，杜甫此时的白发，就像他后来说自己的"多病"一样，杜甫确实多病缠身，杜甫确实满头白发。

长安的春天，是哭泣的春天；长安的血泪，是诗人的血泪。

那大家想，作为一个流亡官员，杜甫能甘心在沦陷区吗？他当然不甘心。杜甫不是要到新任皇帝那里去吗？他要有作为啊，所以，杜甫想办法要跑出去，杜甫必须跑出去。可是，当时的长安，仿佛人间地狱，想从叛军的眼皮底下钻出来，简直和"越狱"差不多，杜甫能成功吗？

---

[1] 见唐代杜甫《乐游园歌》："数茎白发那抛得？百罚深杯亦不辞。"
[2] 见唐代杜甫《投赠哥舒开府翰二十韵》："未为珠履客，已见白头翁。"

后记

《杜甫这辈子》讲到这儿,已经讲到杜甫人生的转折处。回望杜甫人生的前半场,杜甫是开元盛世的"同龄人",大唐的华彩,家族的荣光,个人的理想,汇合成一曲绝妙的交响。我们不会忘,那个"开口咏凤凰"的孩子,那个"出游翰墨场"的少年郎,那个"会当凌绝顶"的小伙子,一副青春无畏的模样。

自从杜甫三十五岁参加制举,李林甫就成为杜甫生命中的一片乌云!杜甫写这首《春望》的时候,安禄山已把整个大唐掀翻了天。历史的天空开始灰暗,杜甫的人生开始灰暗。到了杜甫人生的下半场,从灰暗转向了阴暗,从阴暗转向了至暗。接下来，我将带领大家跟随杜甫的足迹，读他的长安诗，读他的华州诗，读他的秦州诗，读他的同谷诗，读他的草堂诗，读他的夔州诗……我们不是为了共同感受诗人的生命之痛，我是想让大家明白，虽然杜甫自己活得那么不好，但是杜甫心怀社稷、心系苍生的执念，一直都在。这个深爱芸芸众生的人，理应被芸芸众生深爱。

《杜甫这辈子》上部《一览众山小》，到这里就结束了。

《杜甫这辈子》中部《月是故乡明》，期待您继续关注，再见！